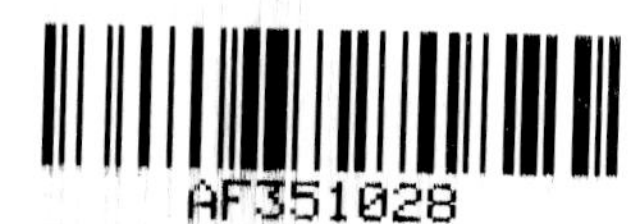

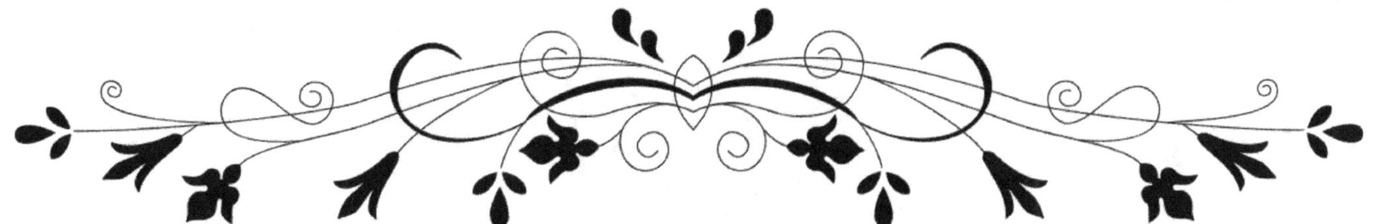

This Book Belongs To:

....

....

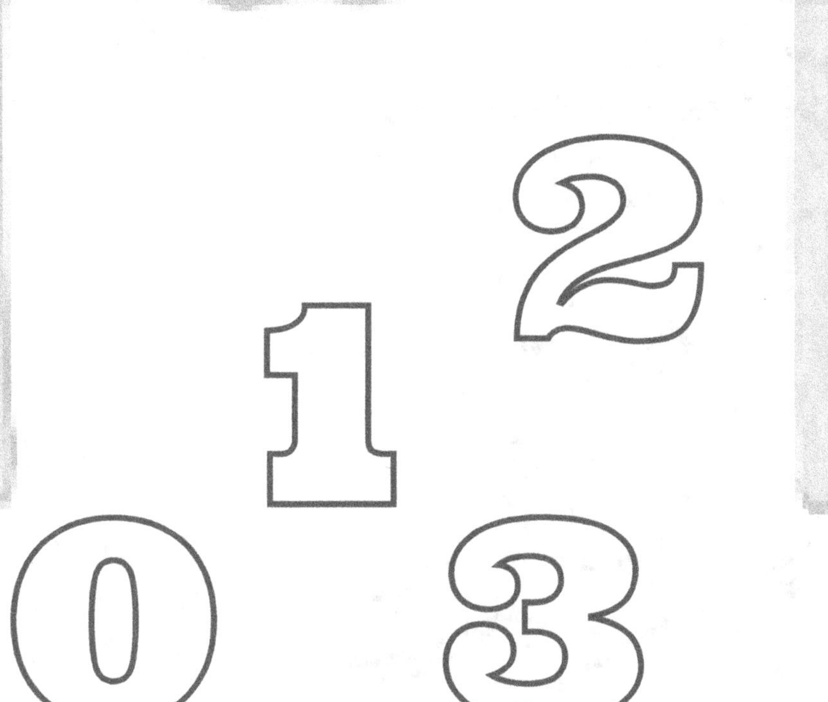

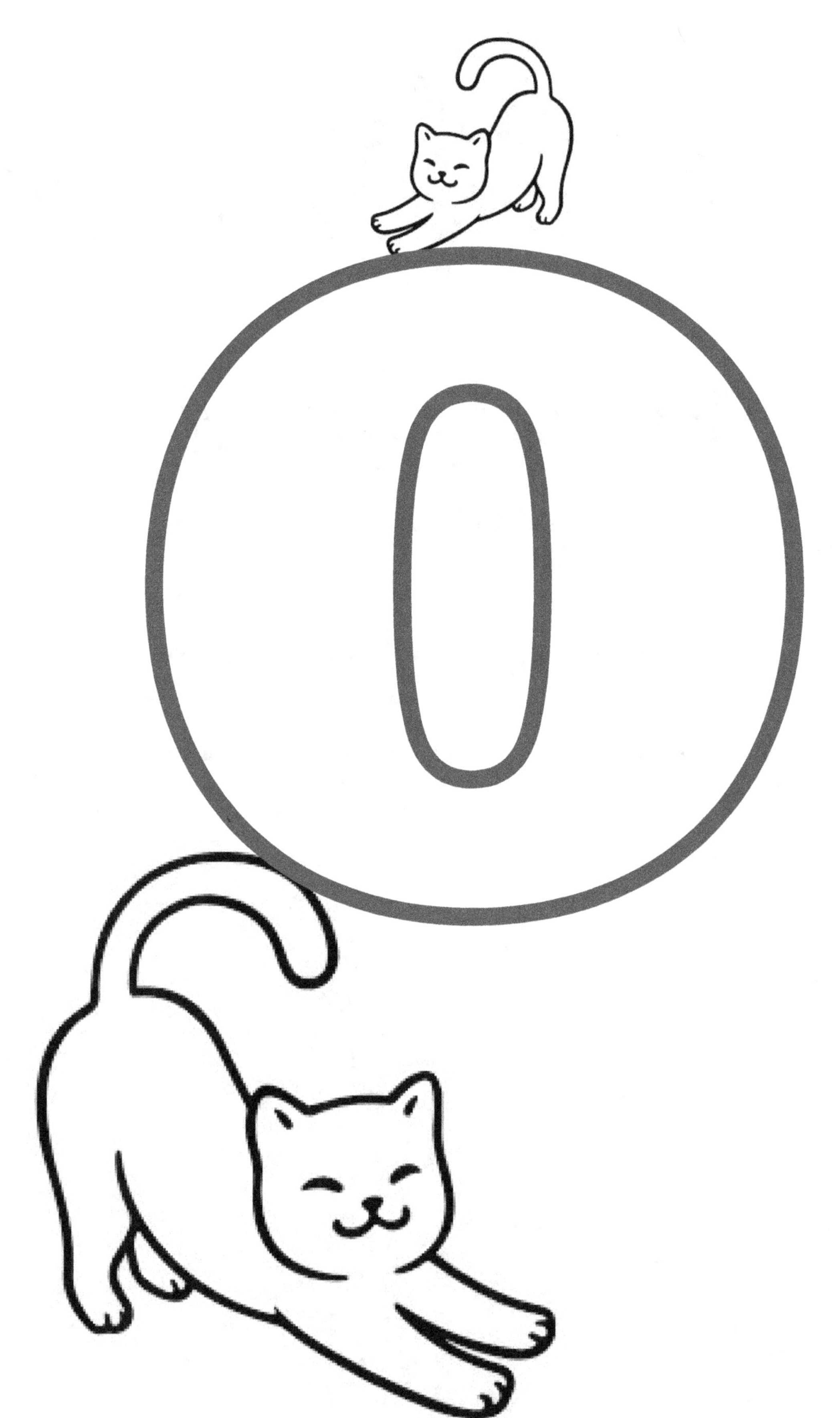

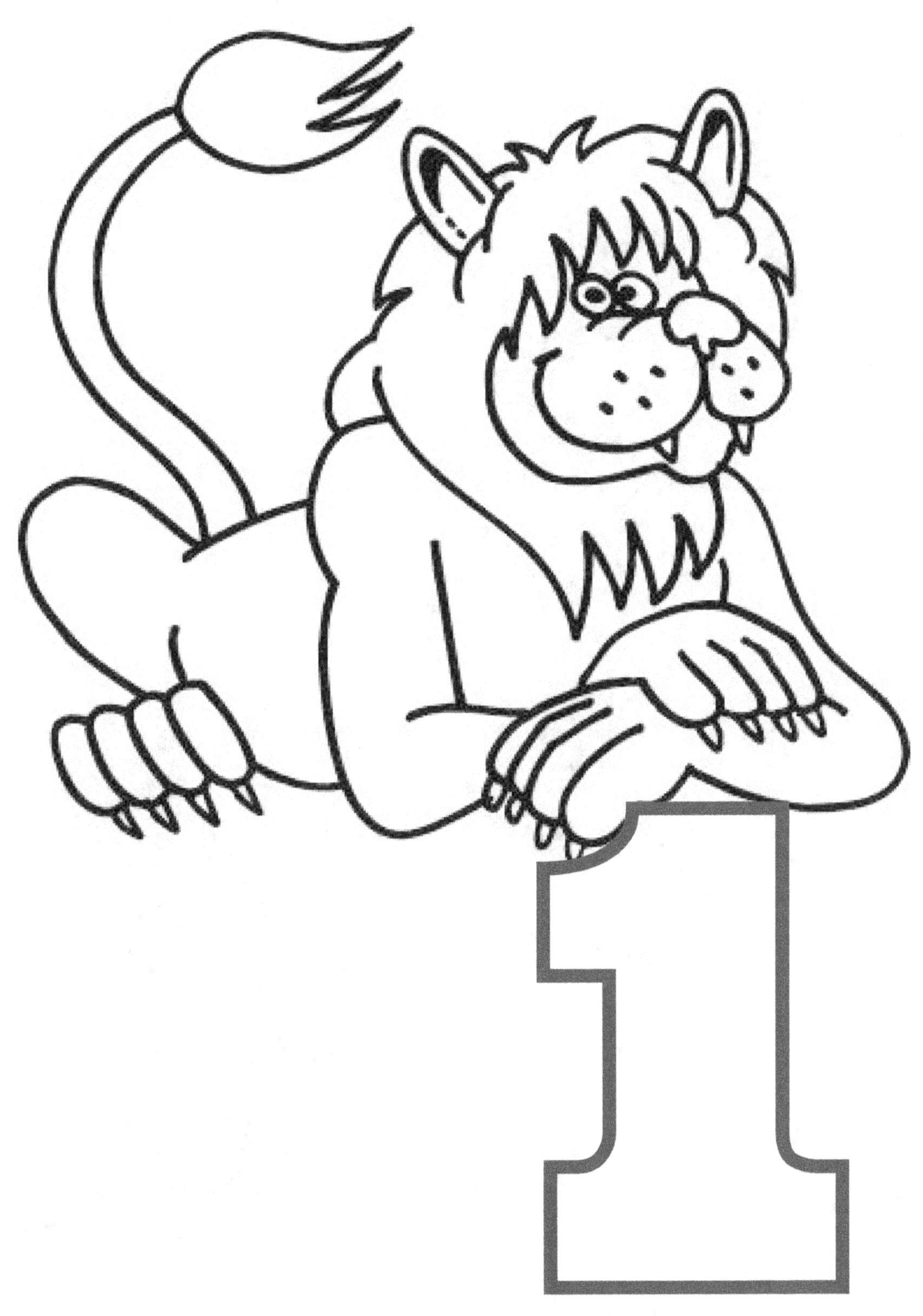

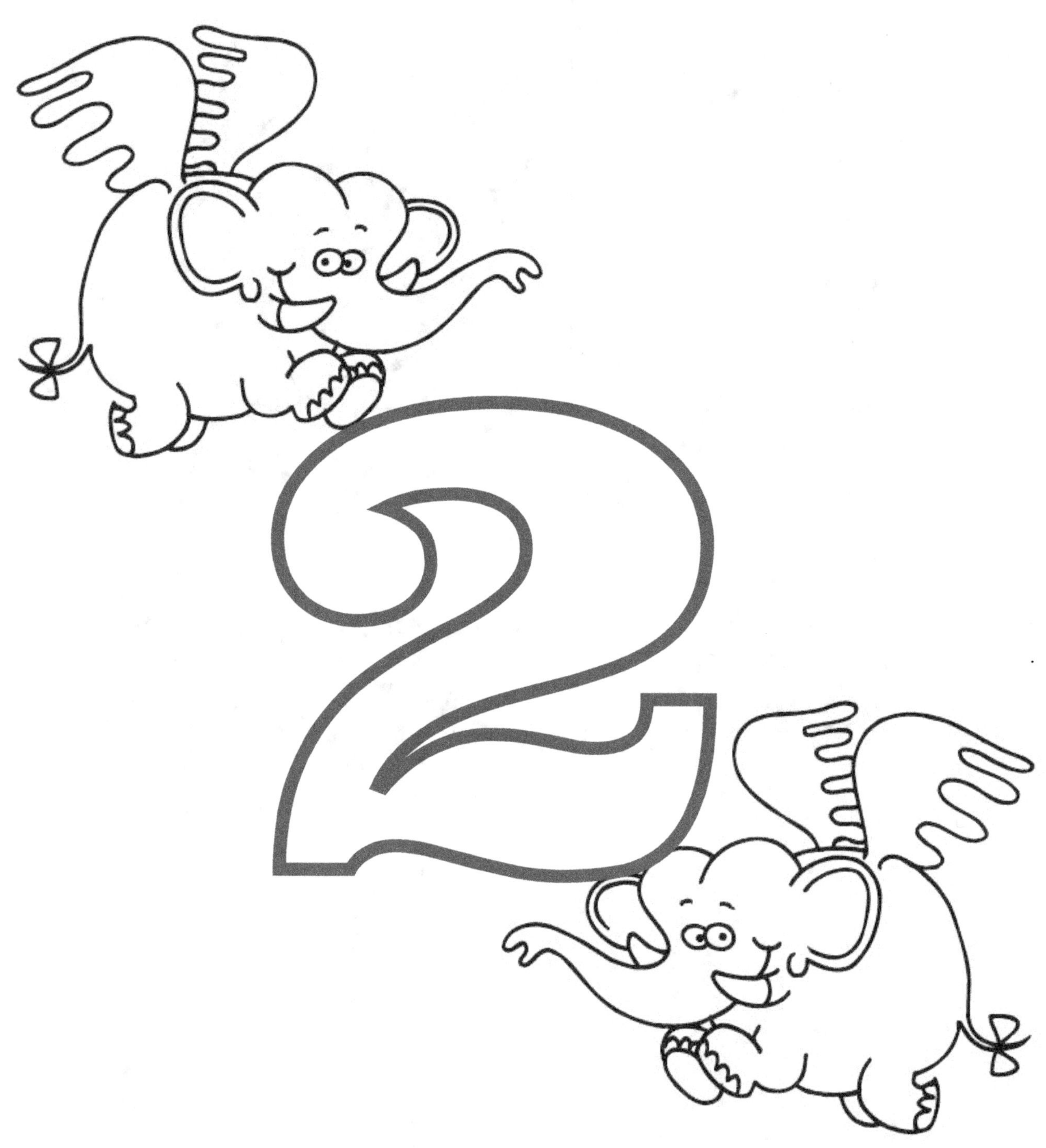

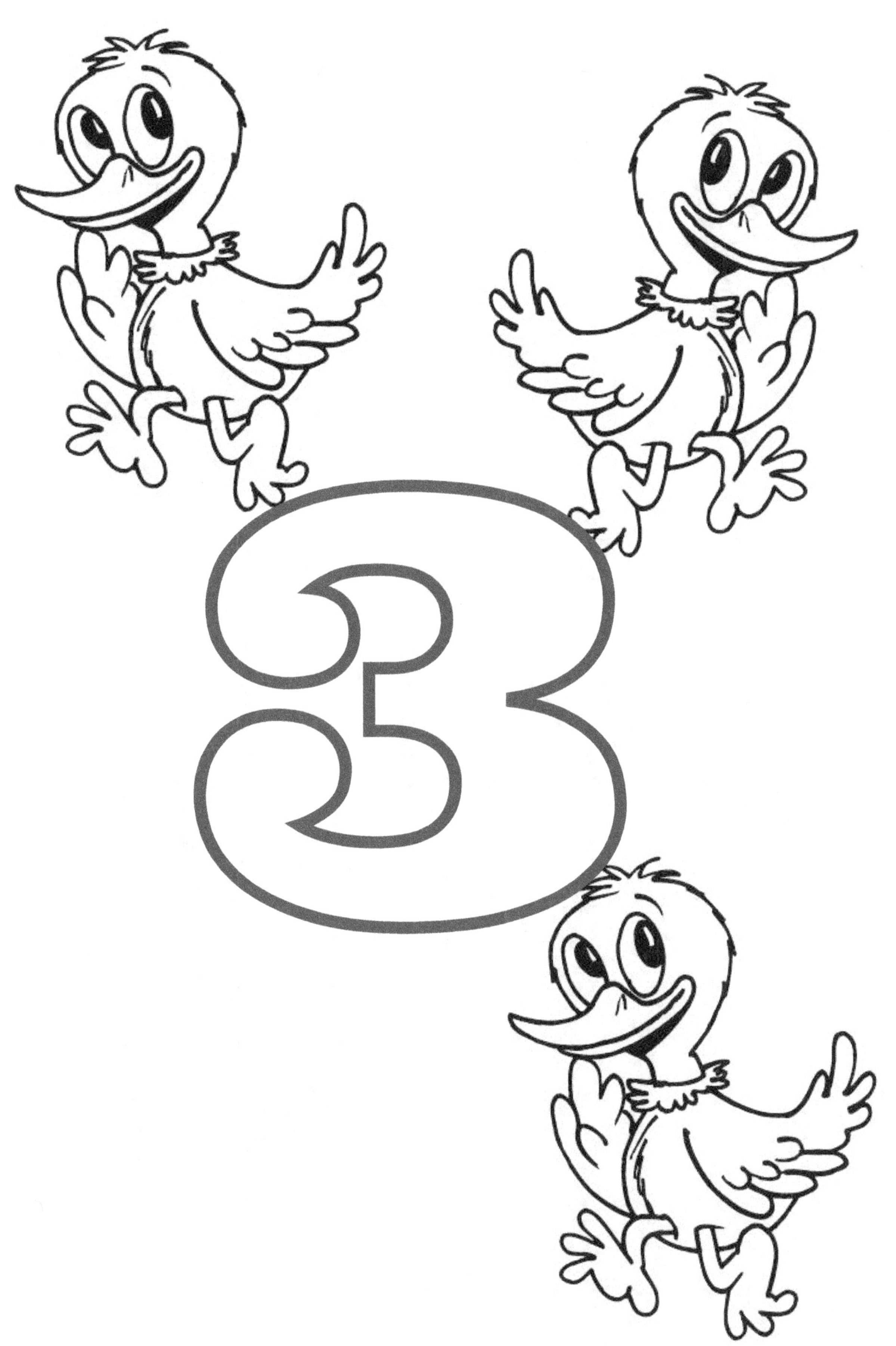

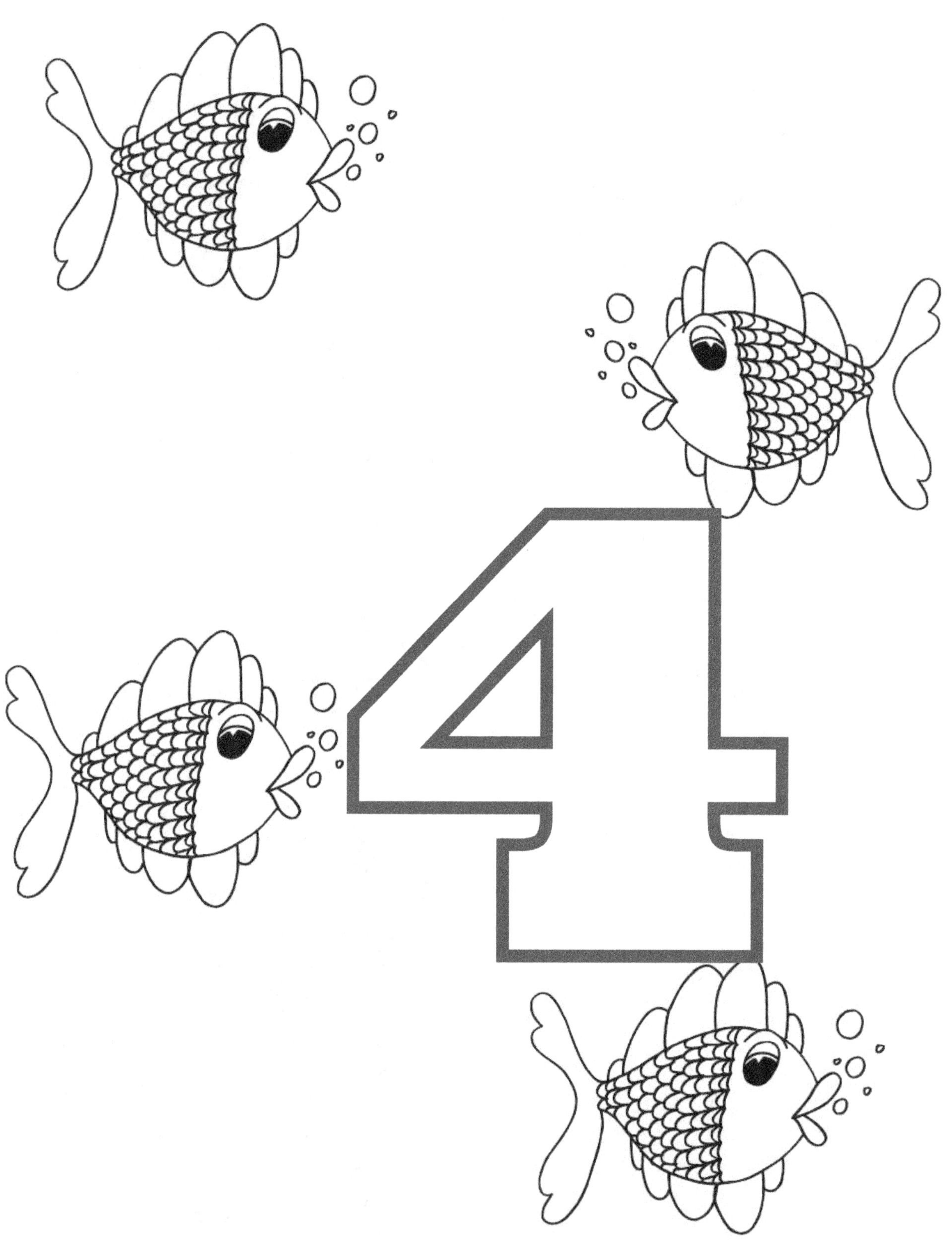

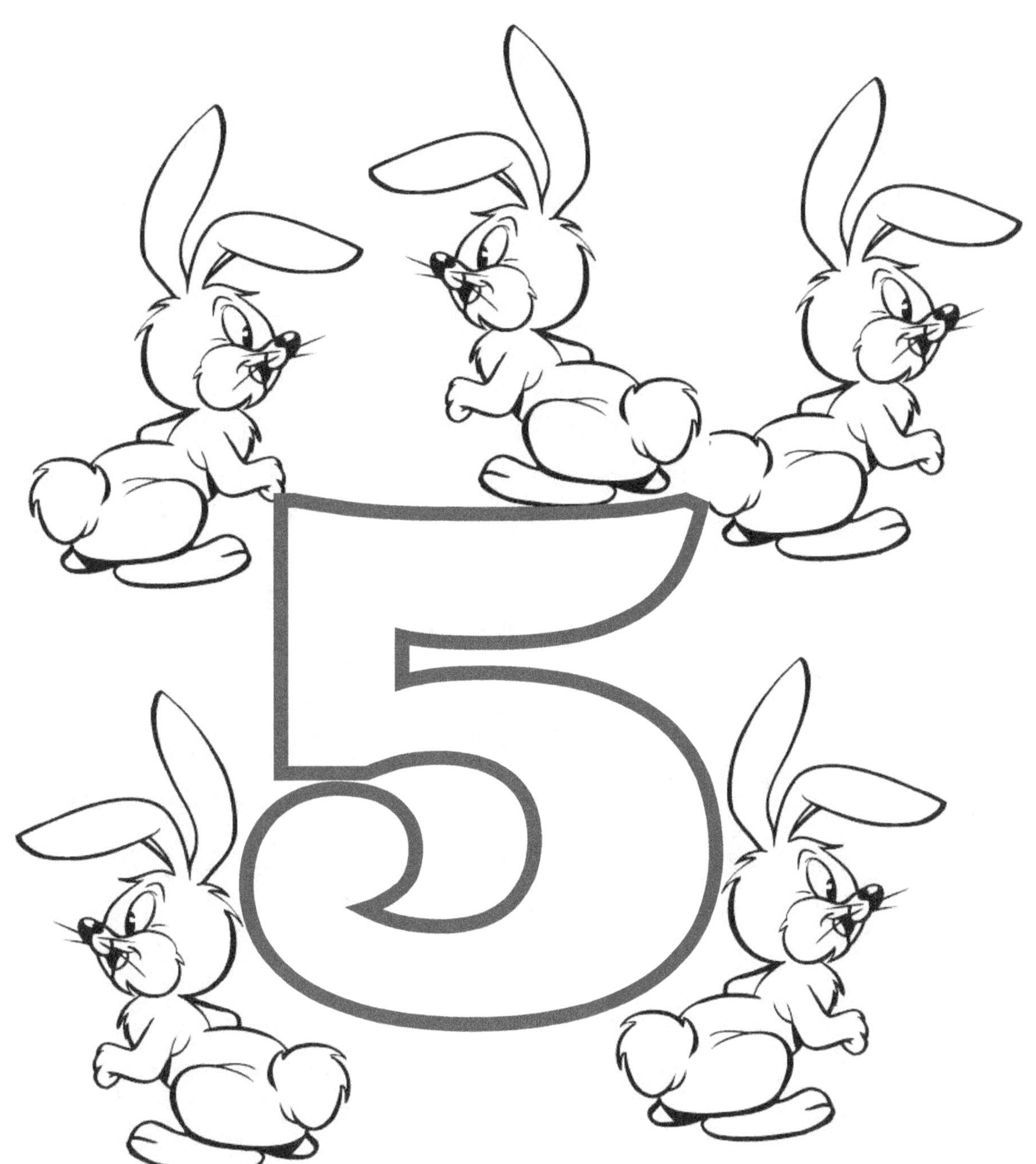

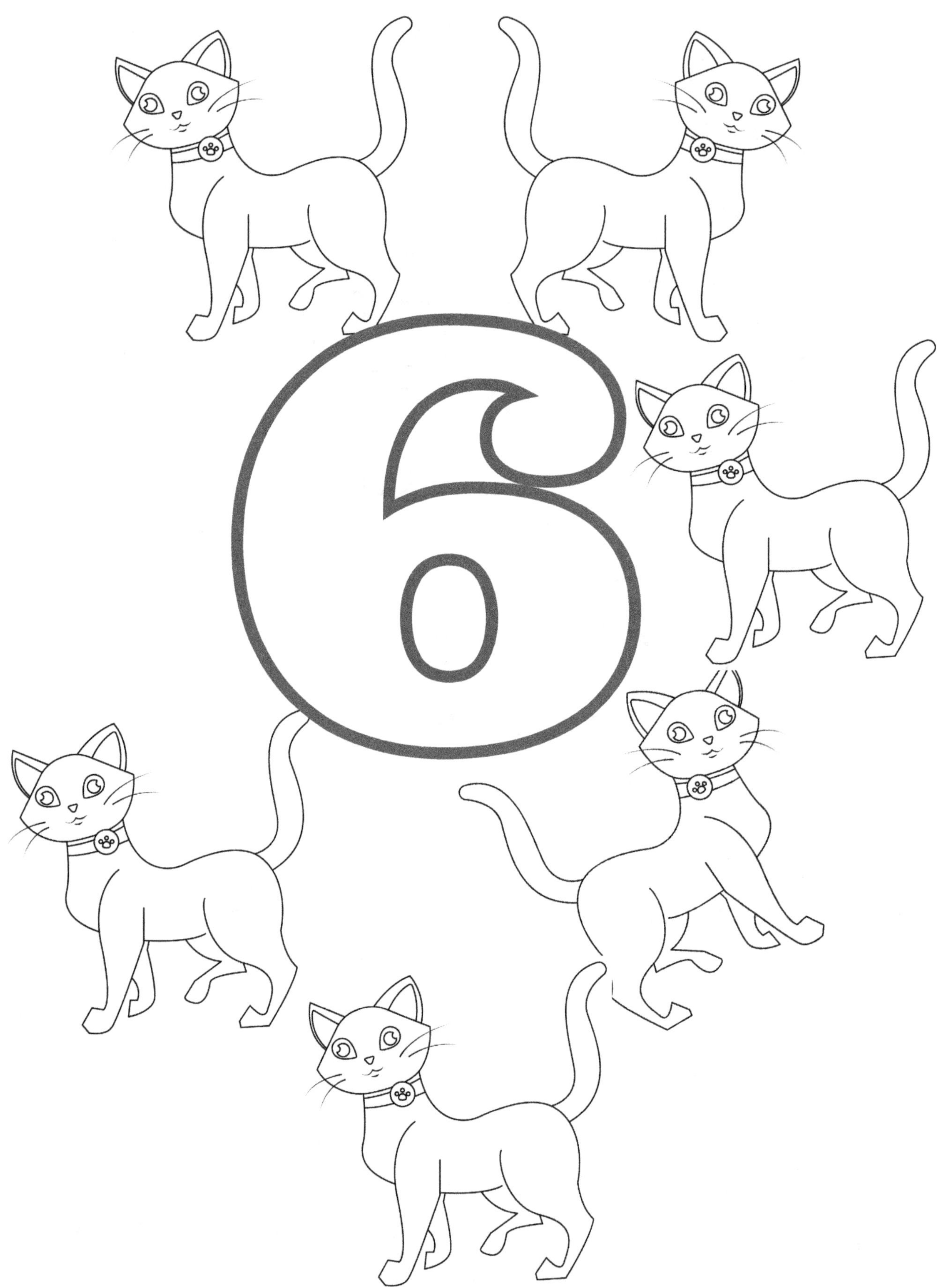

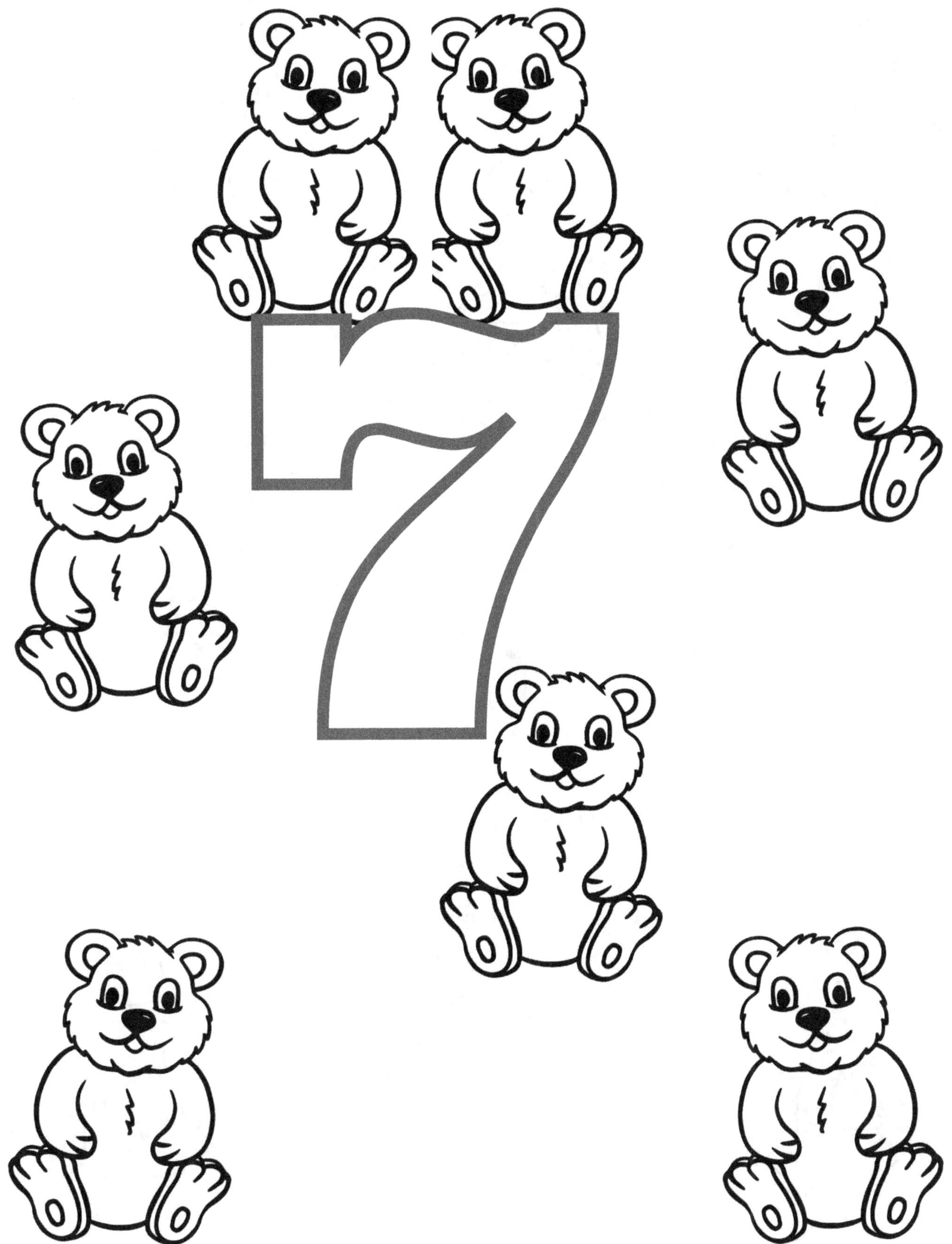

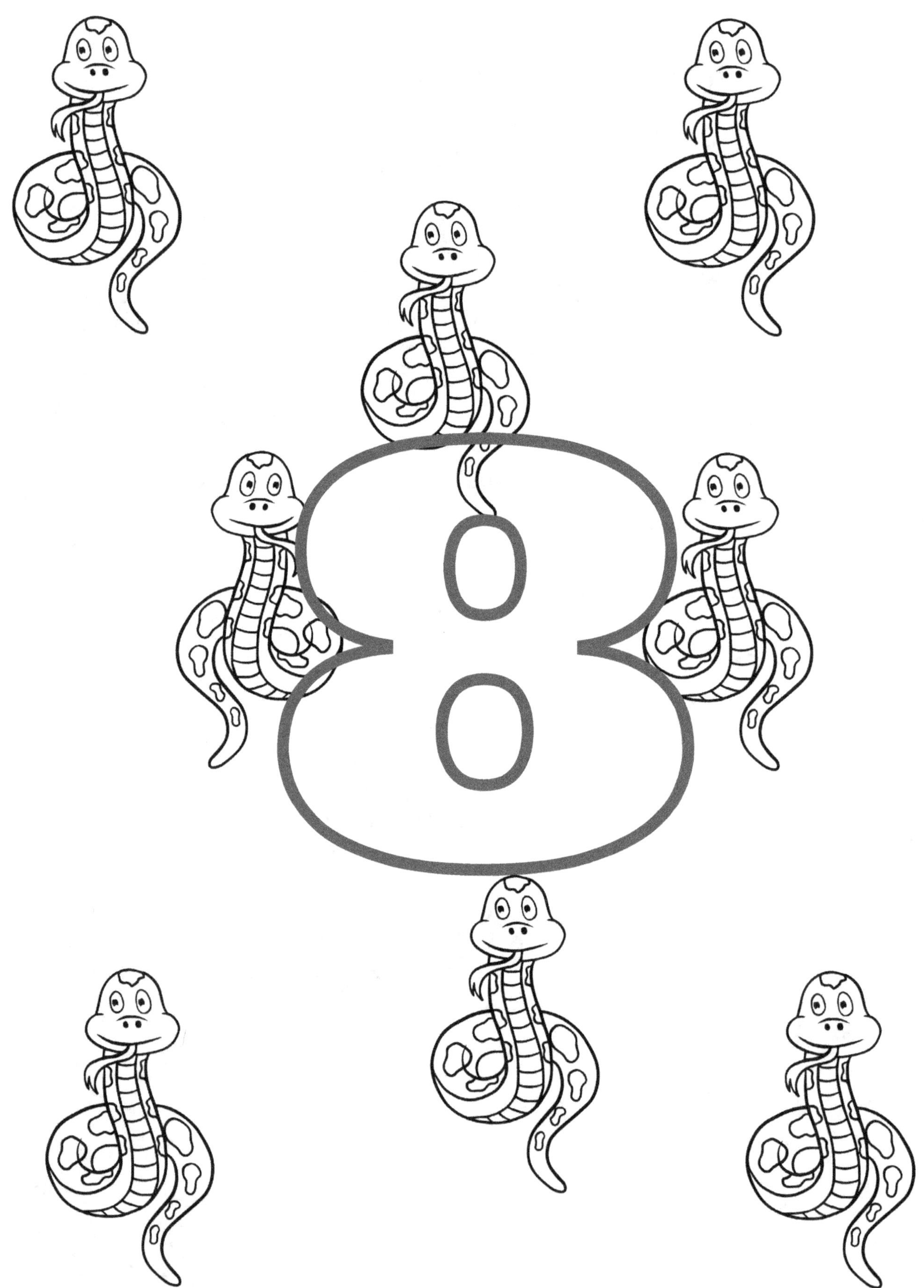

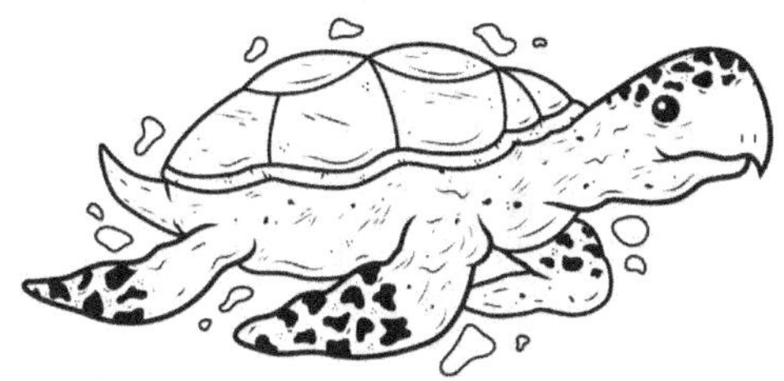
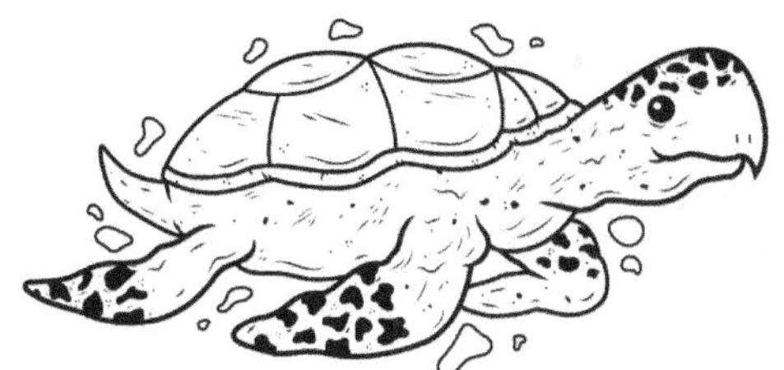

9

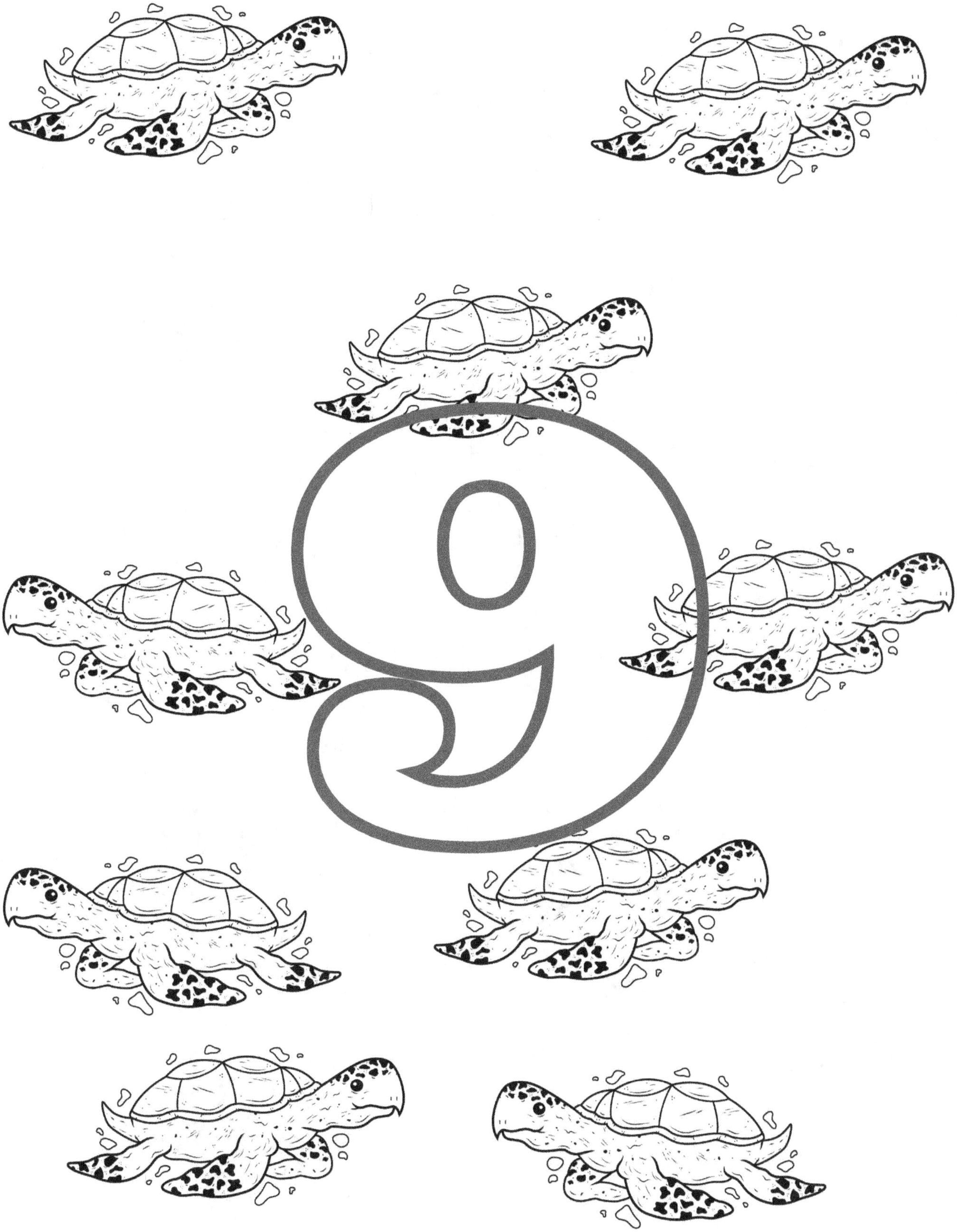

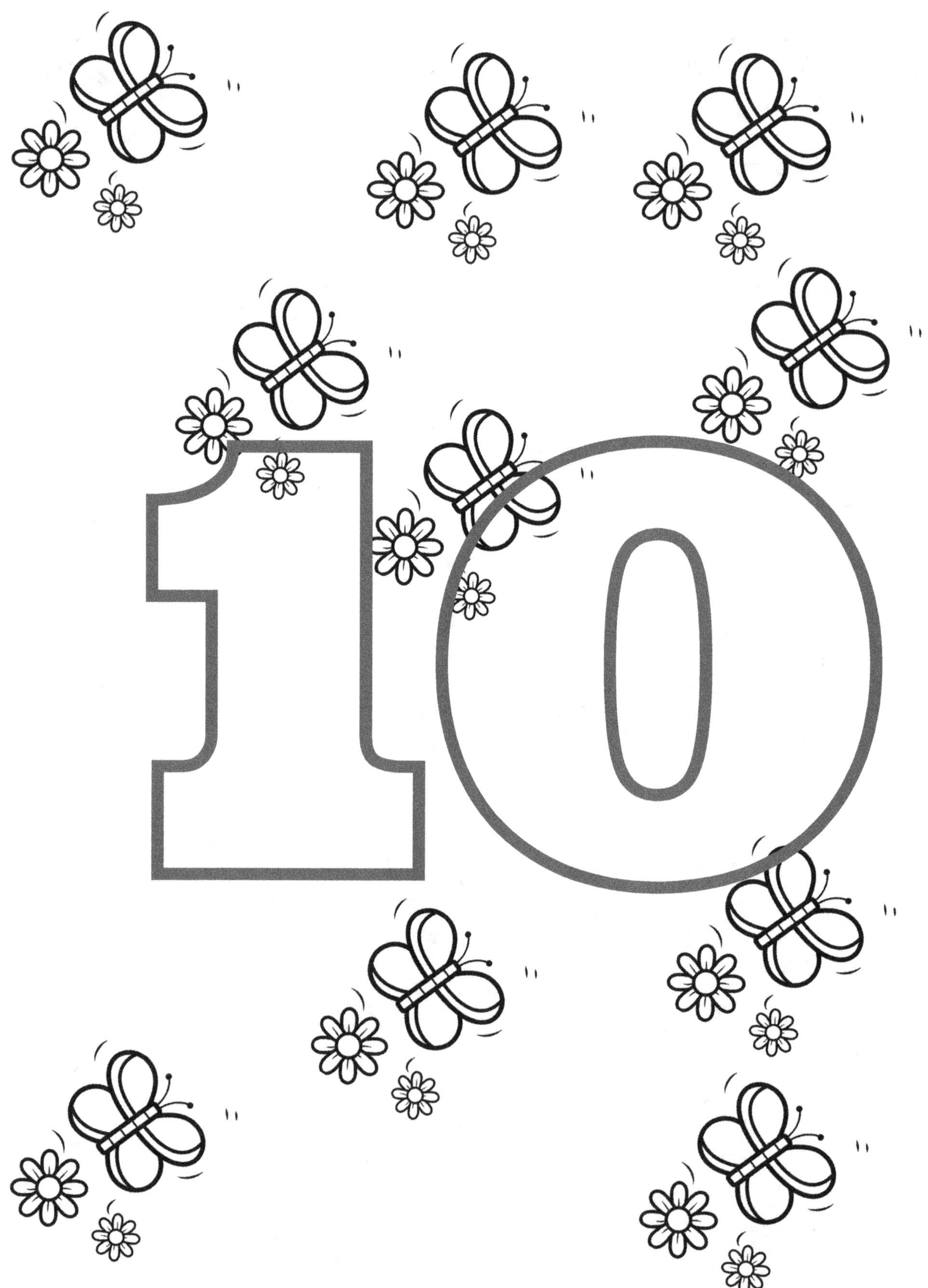

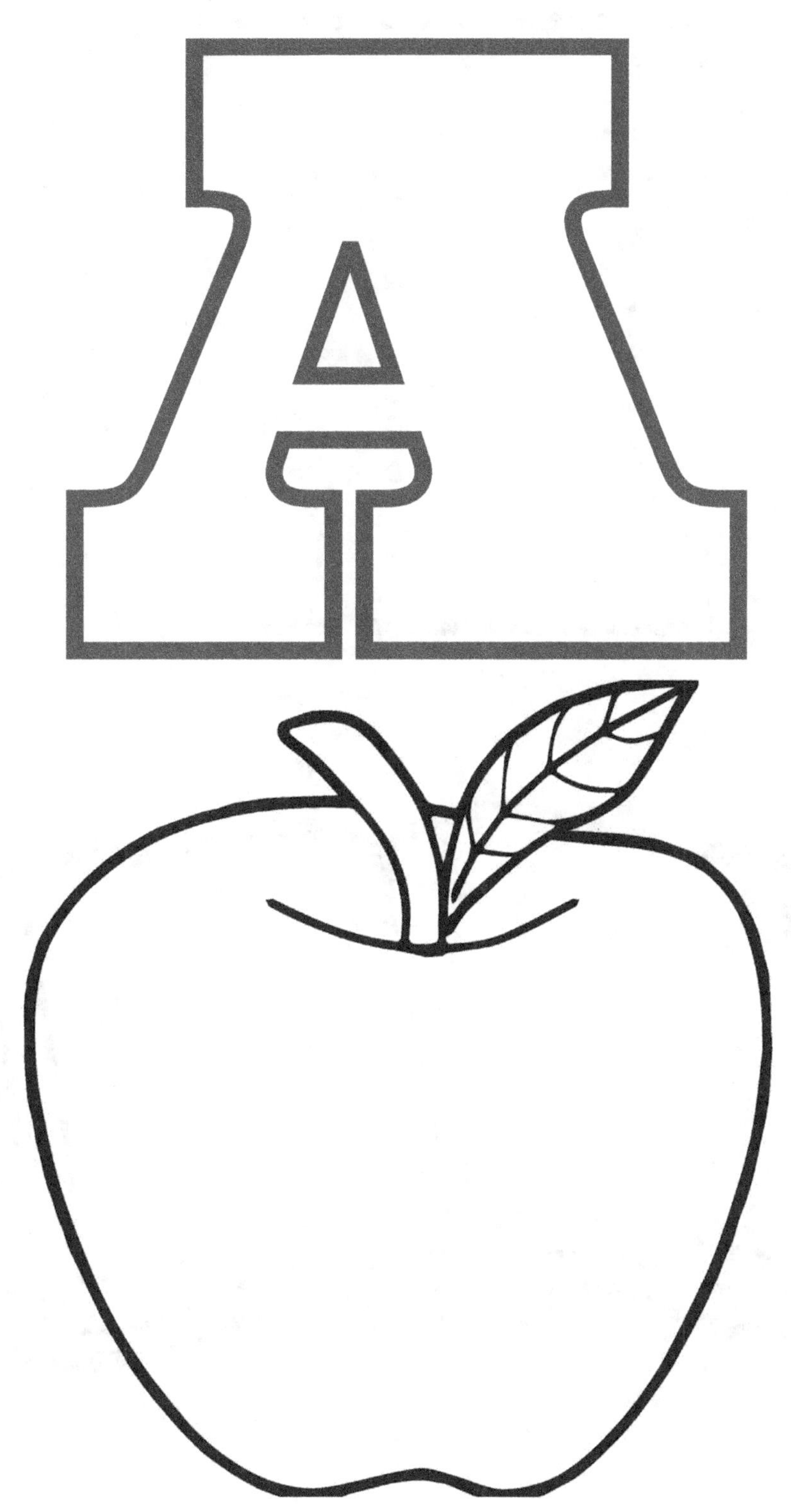

B

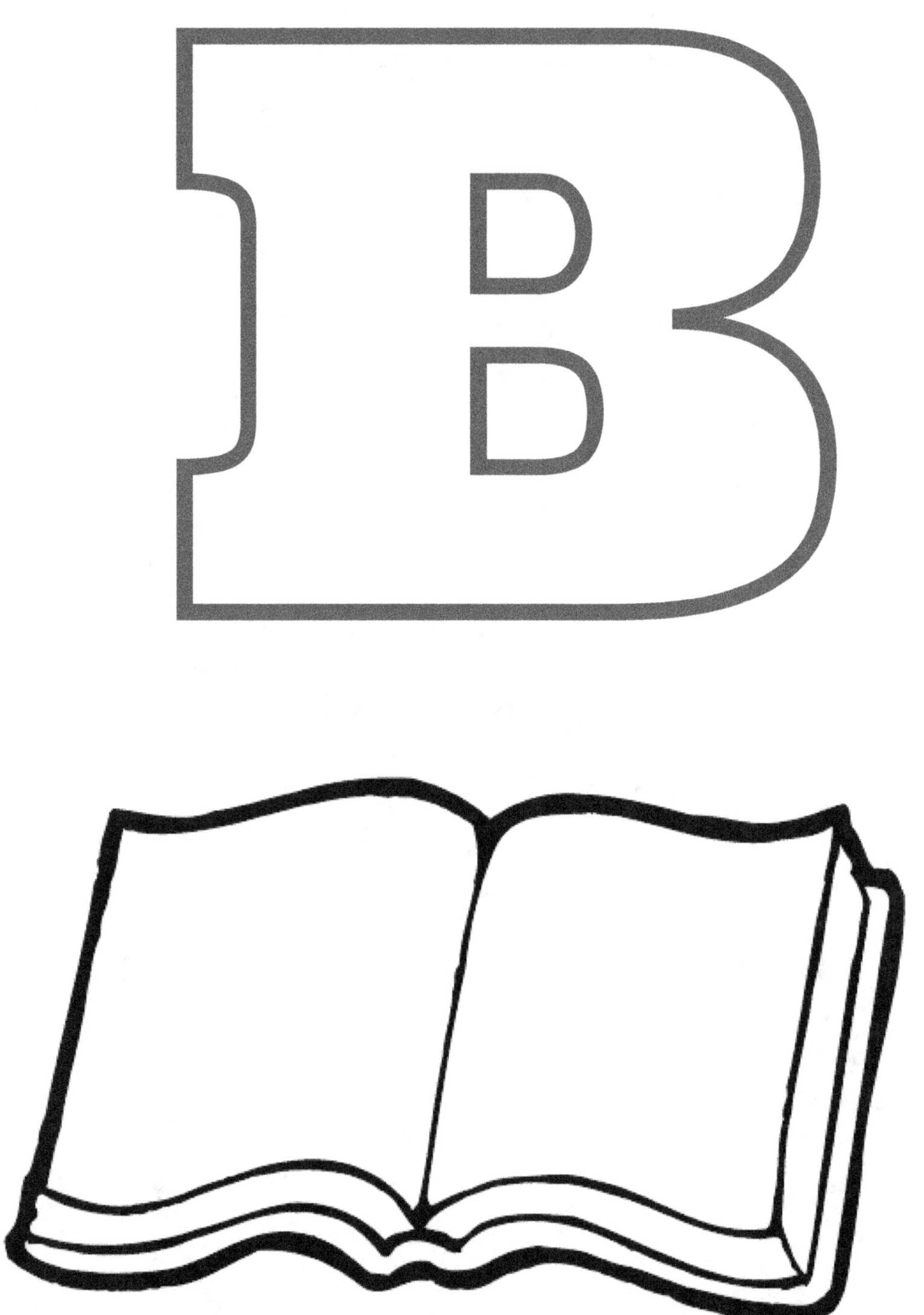

C

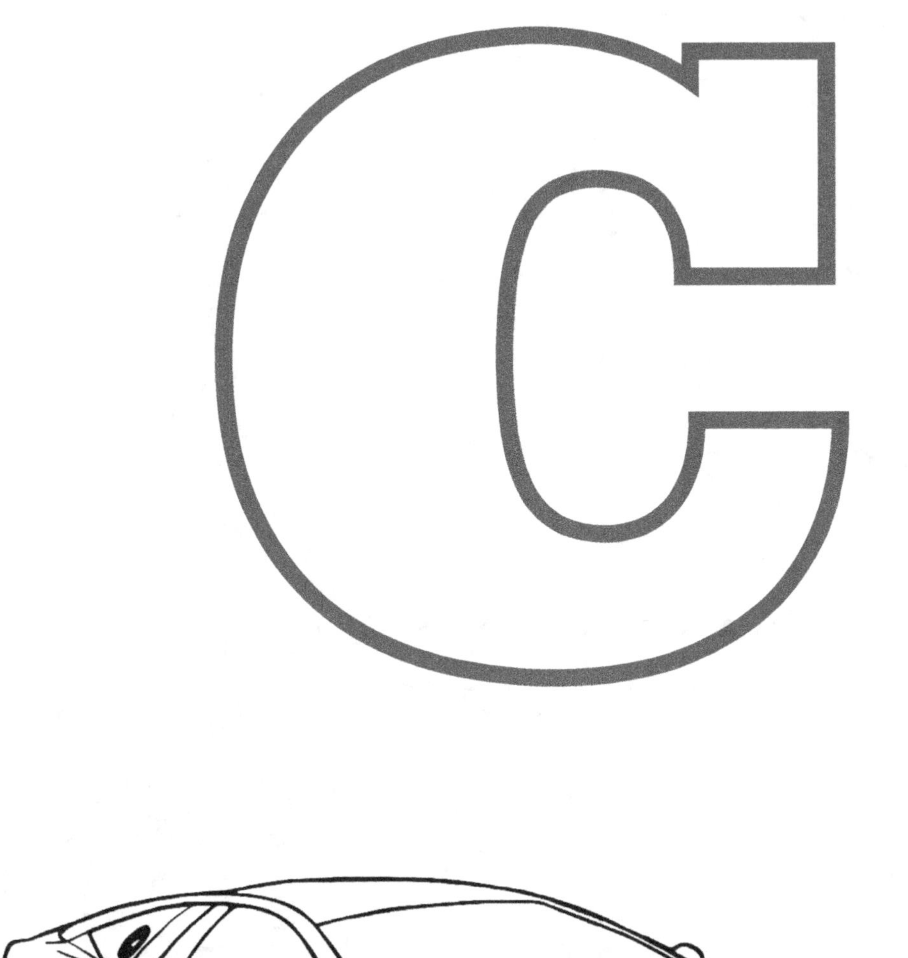

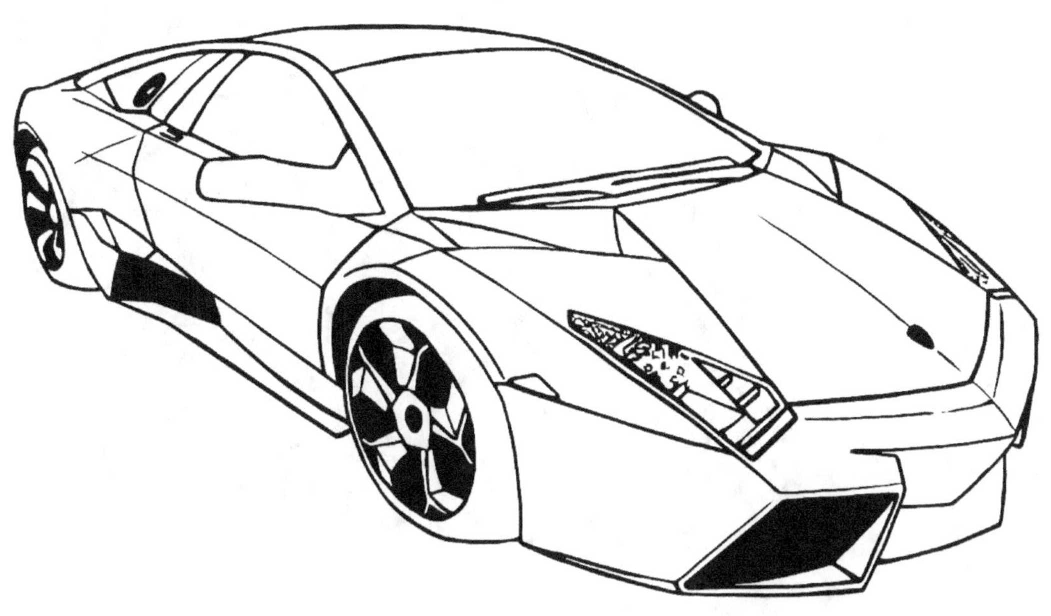

D

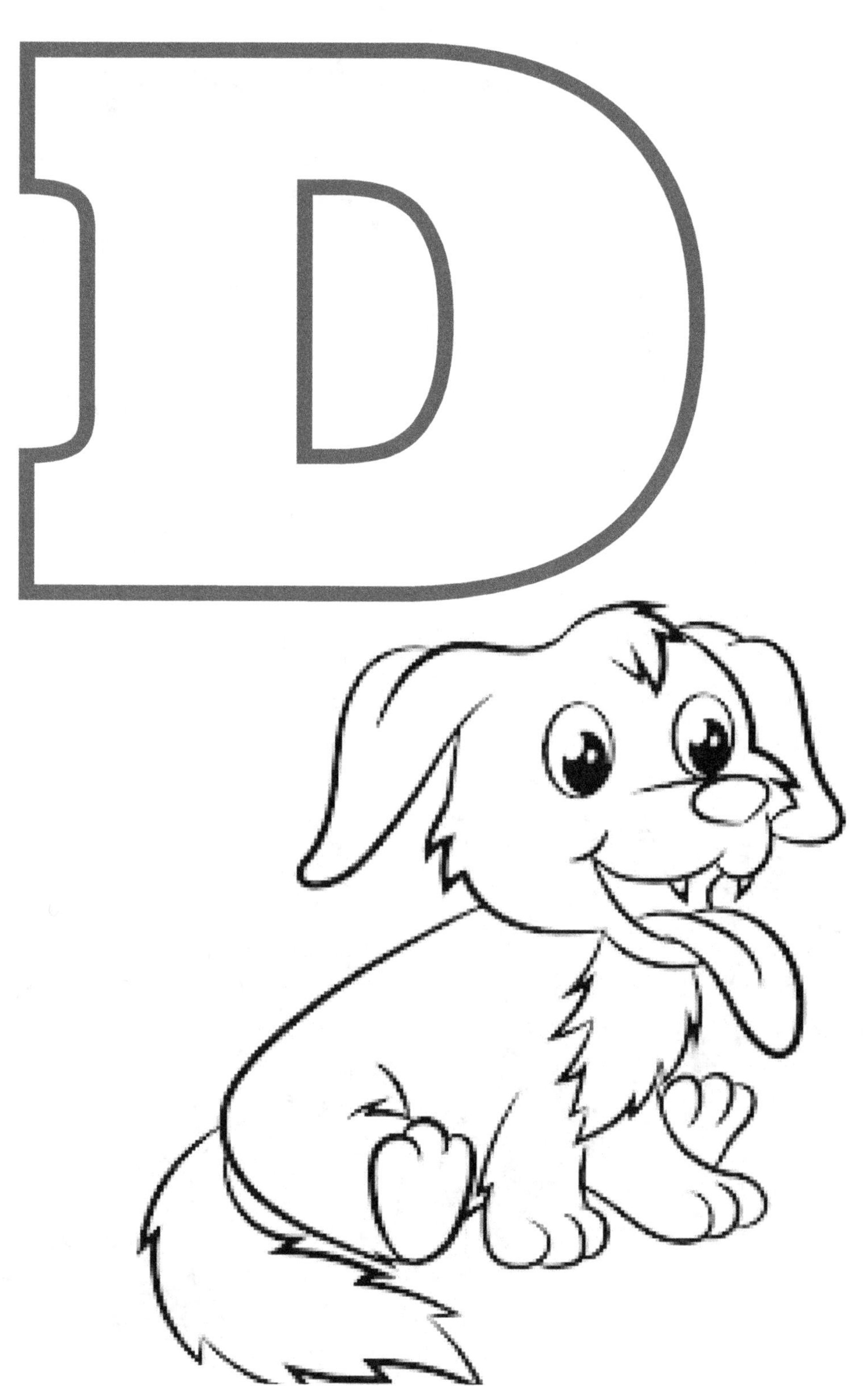

E

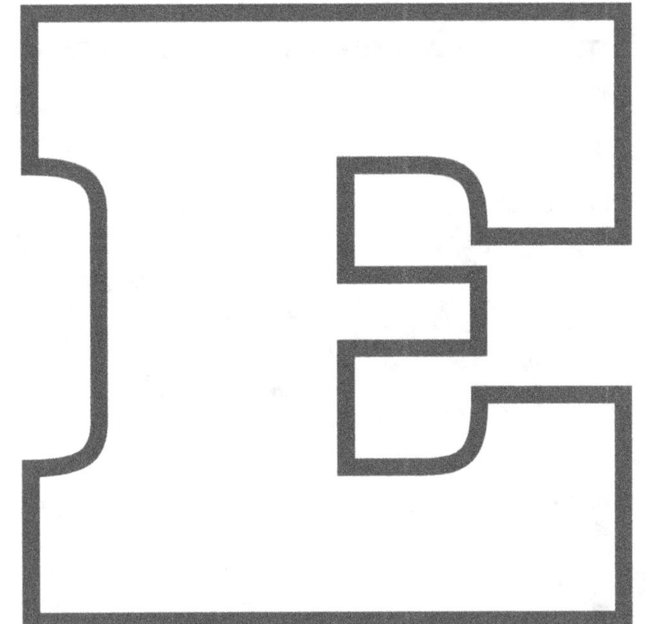

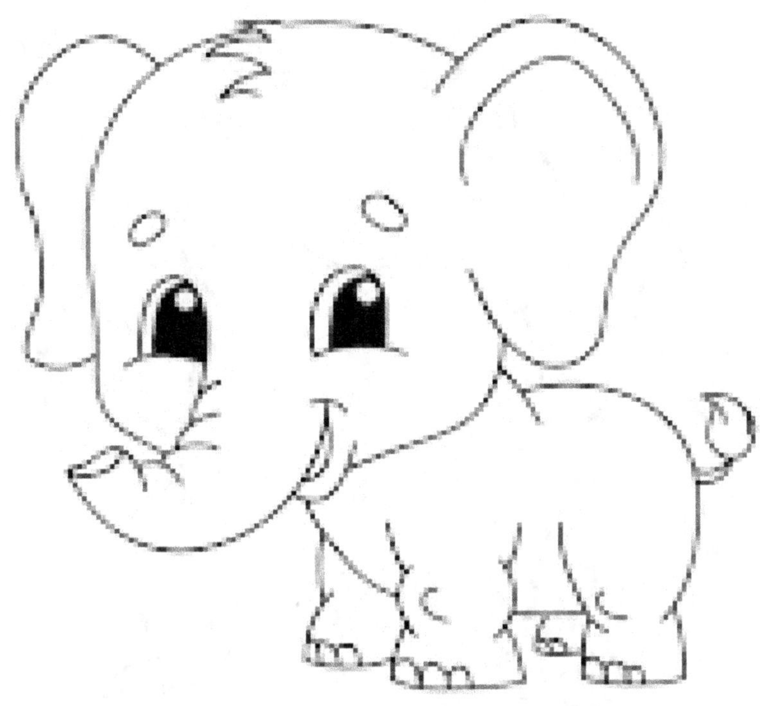

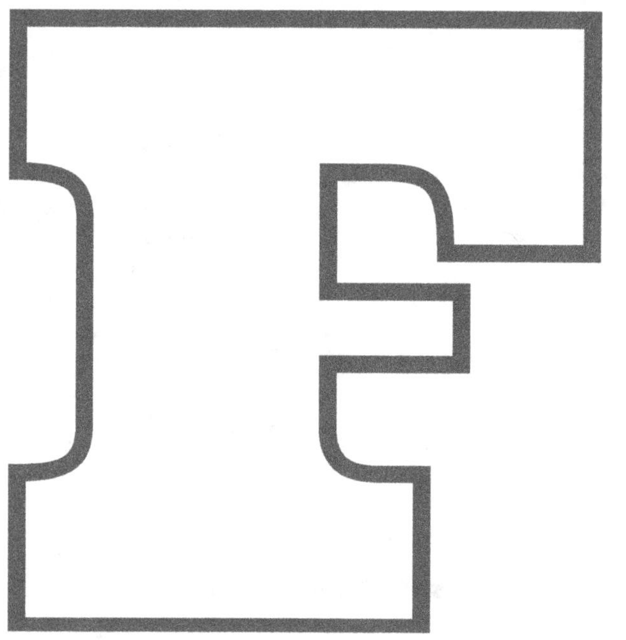

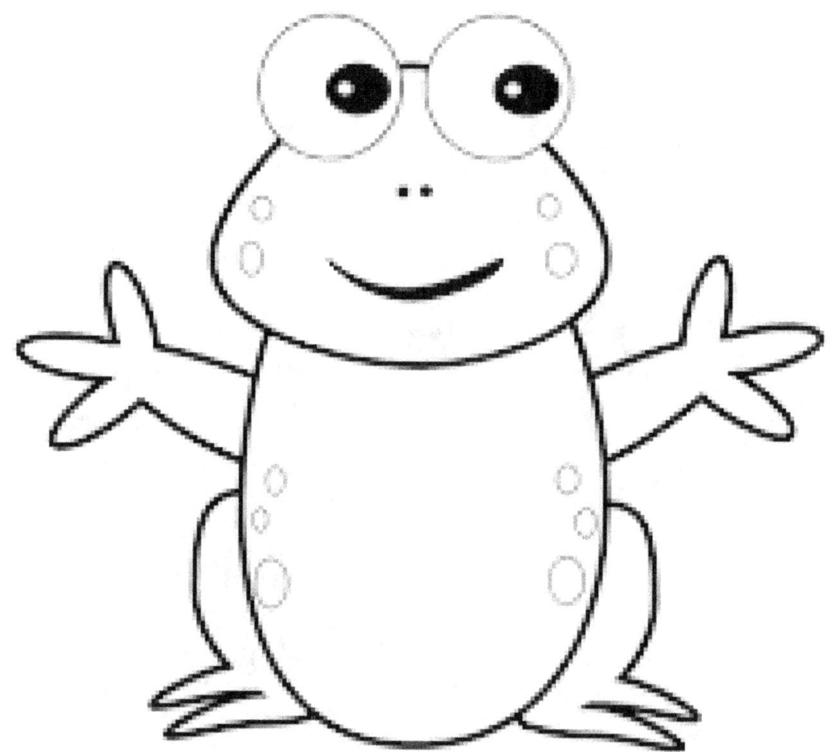

G

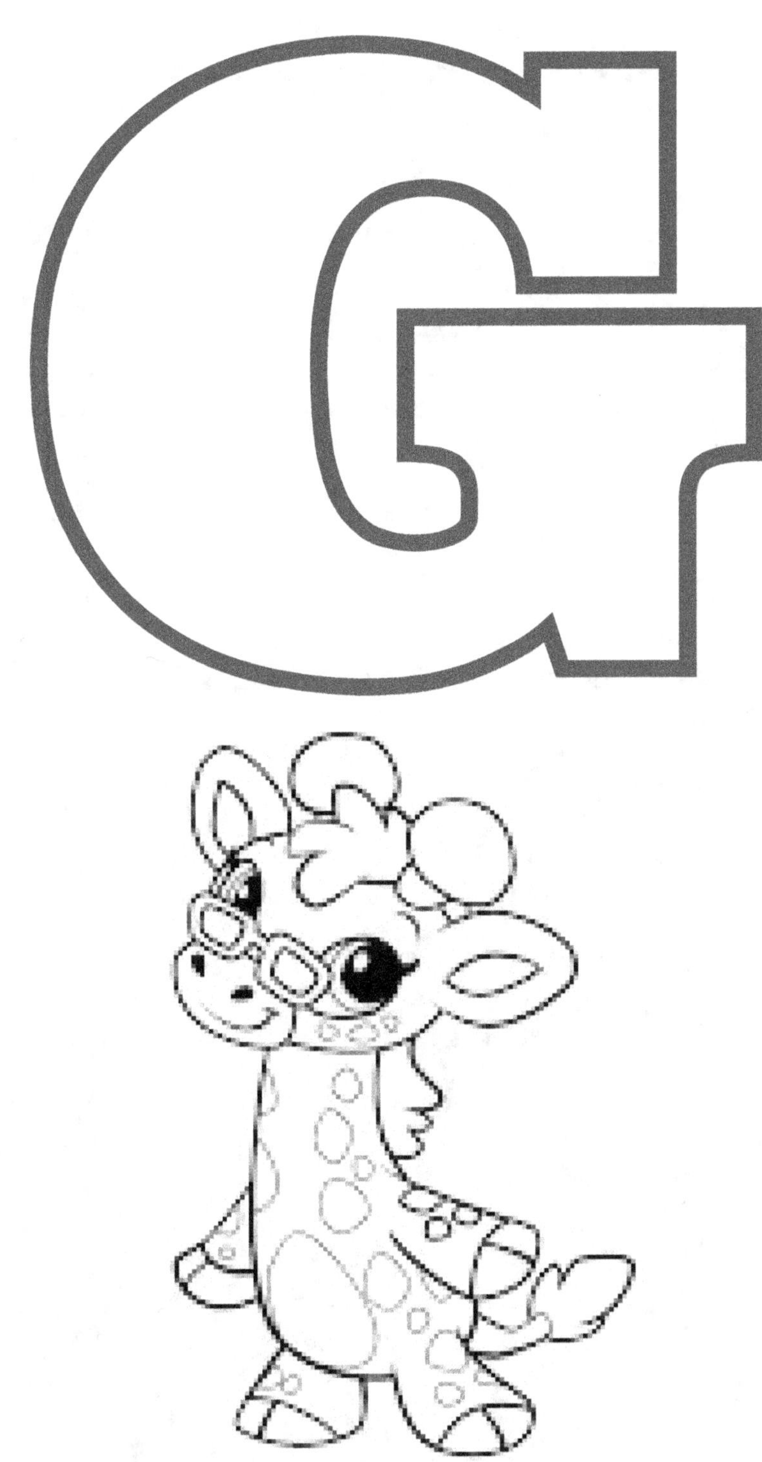

H

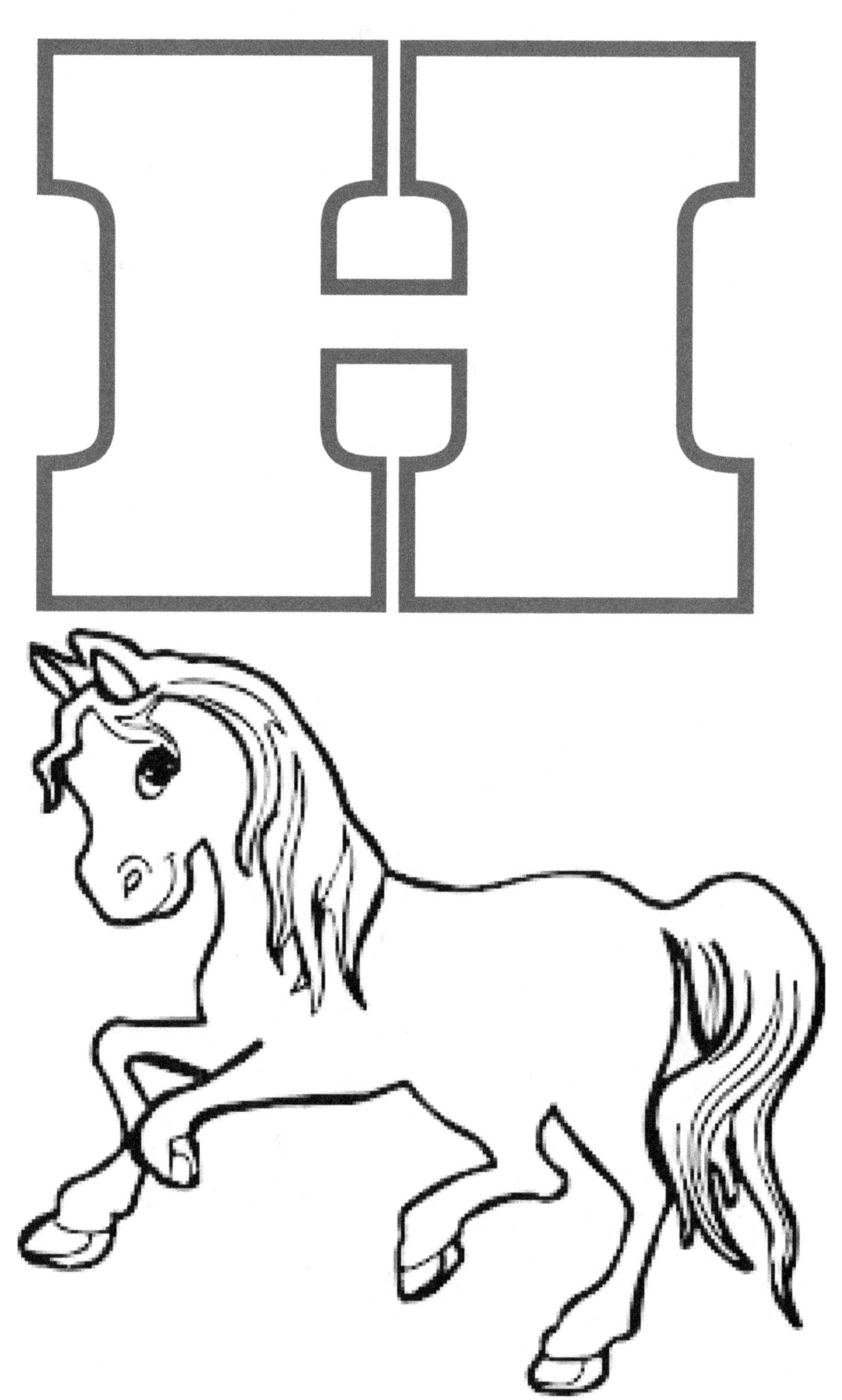

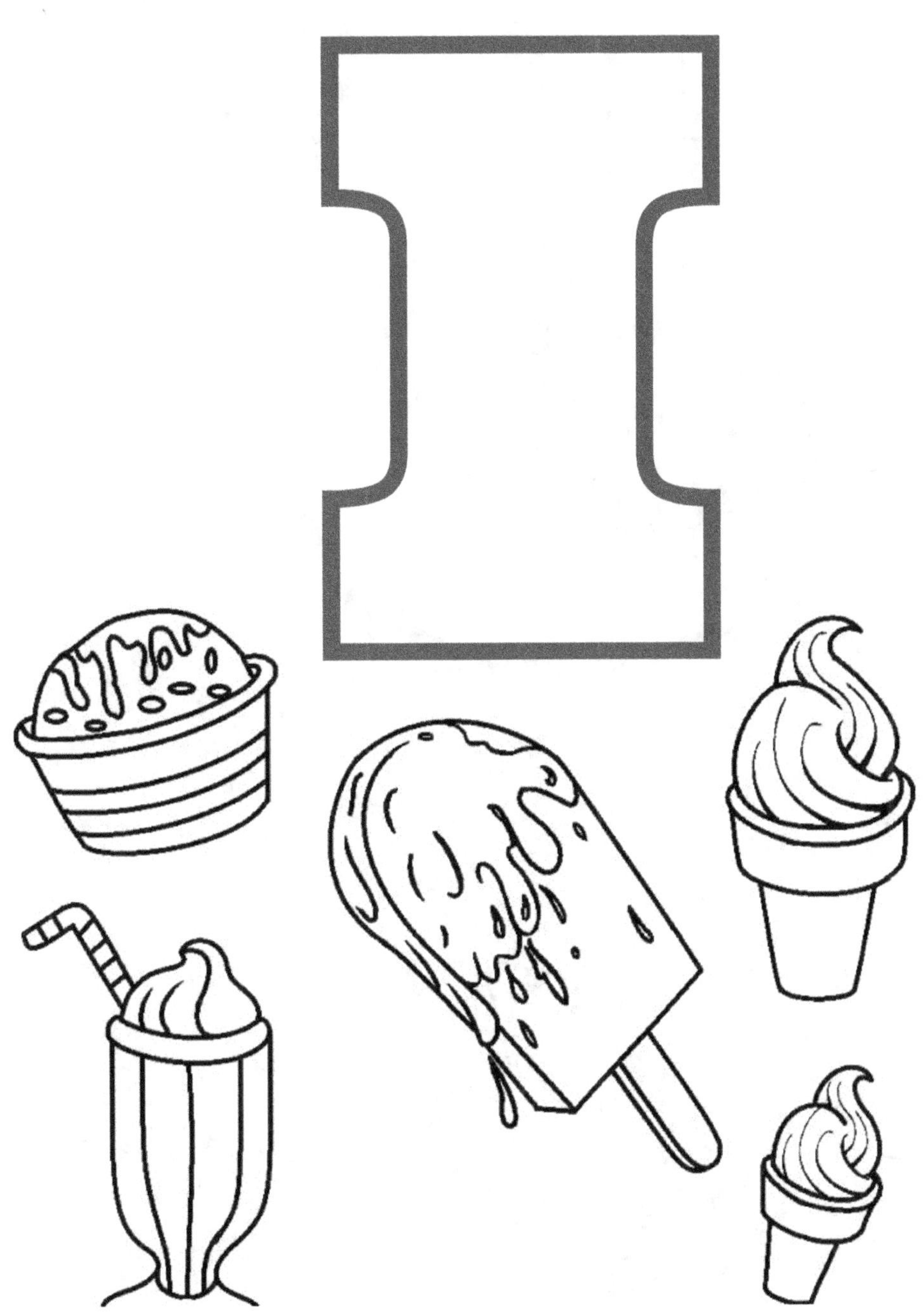

J

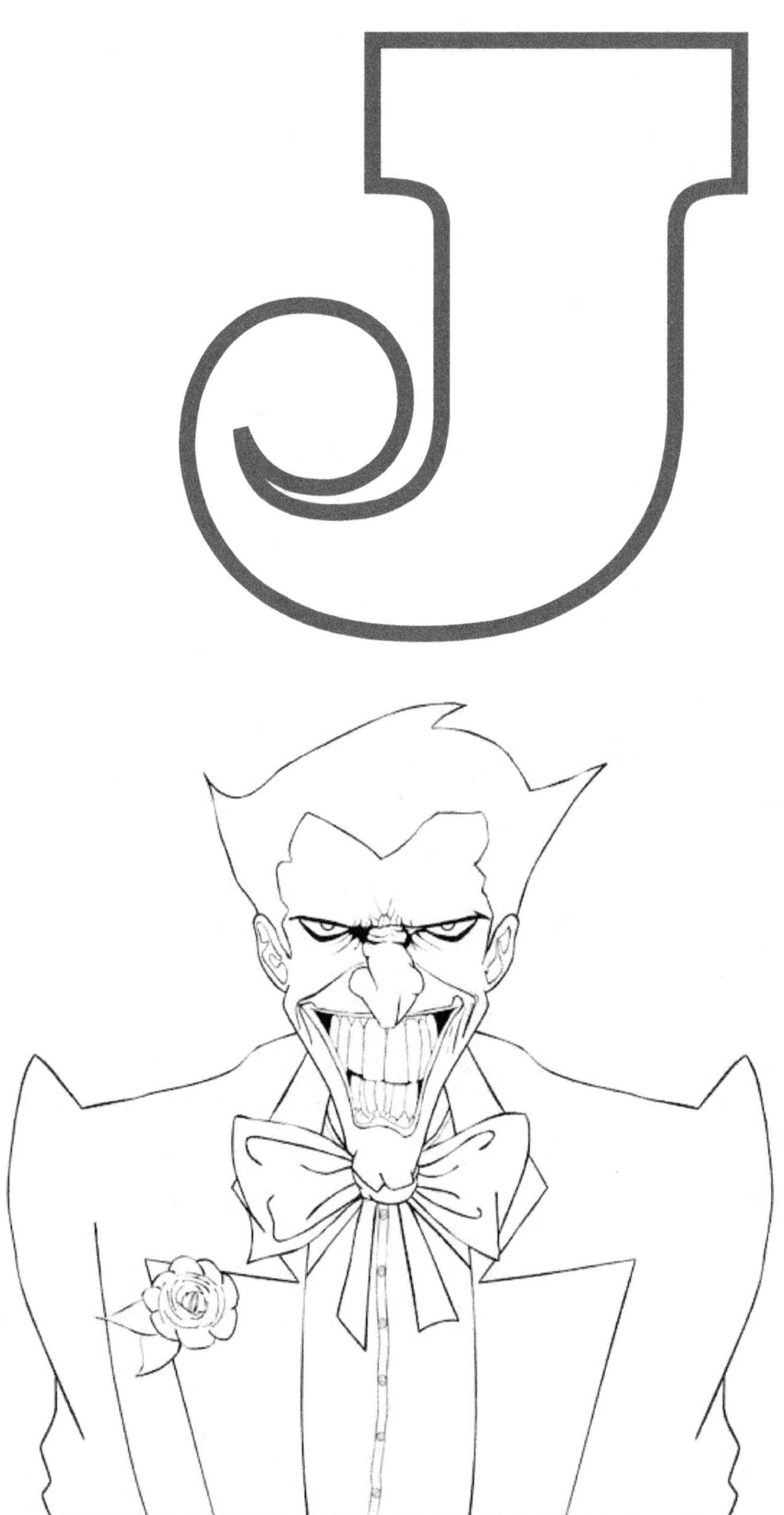

K

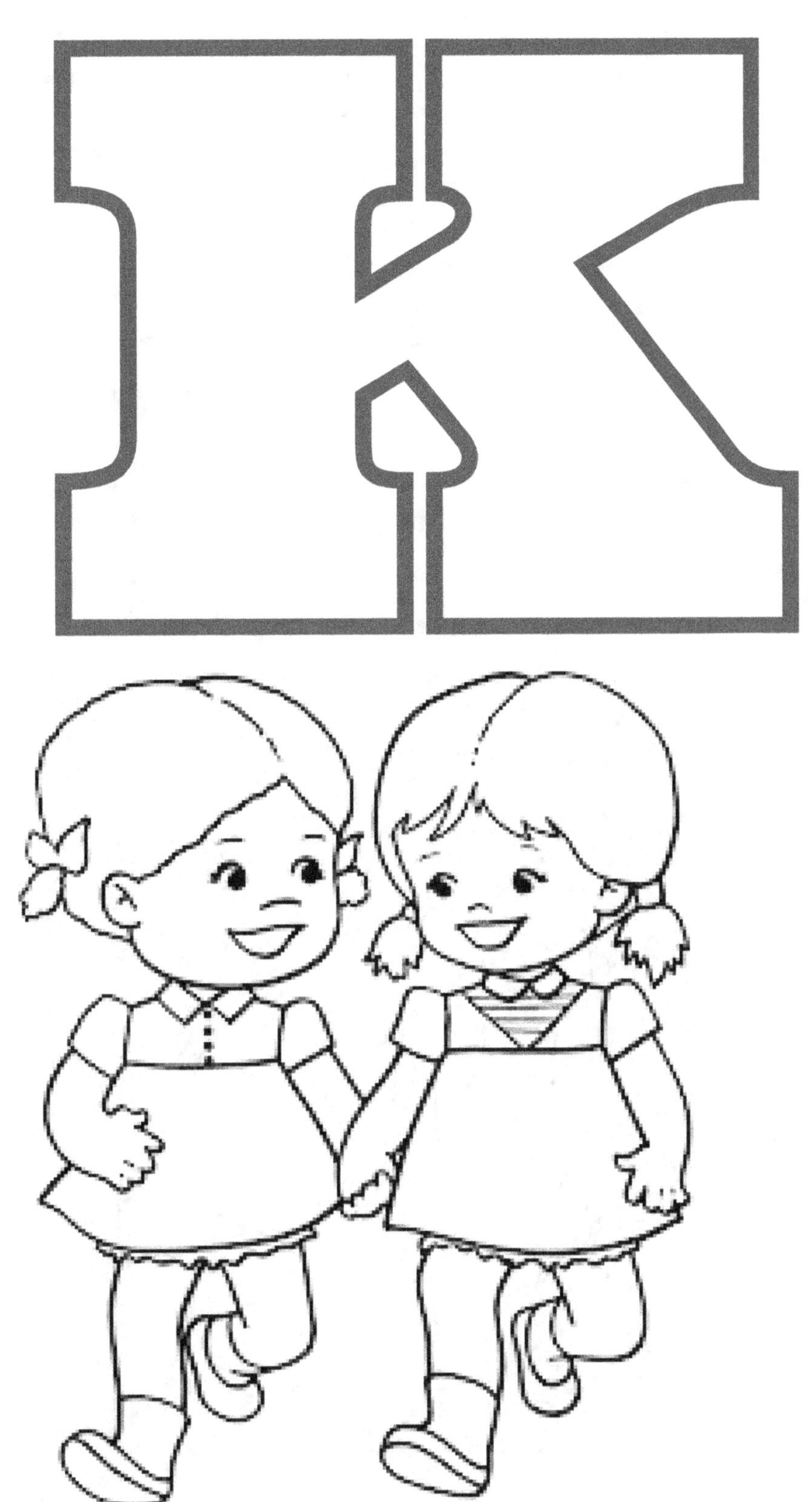

L

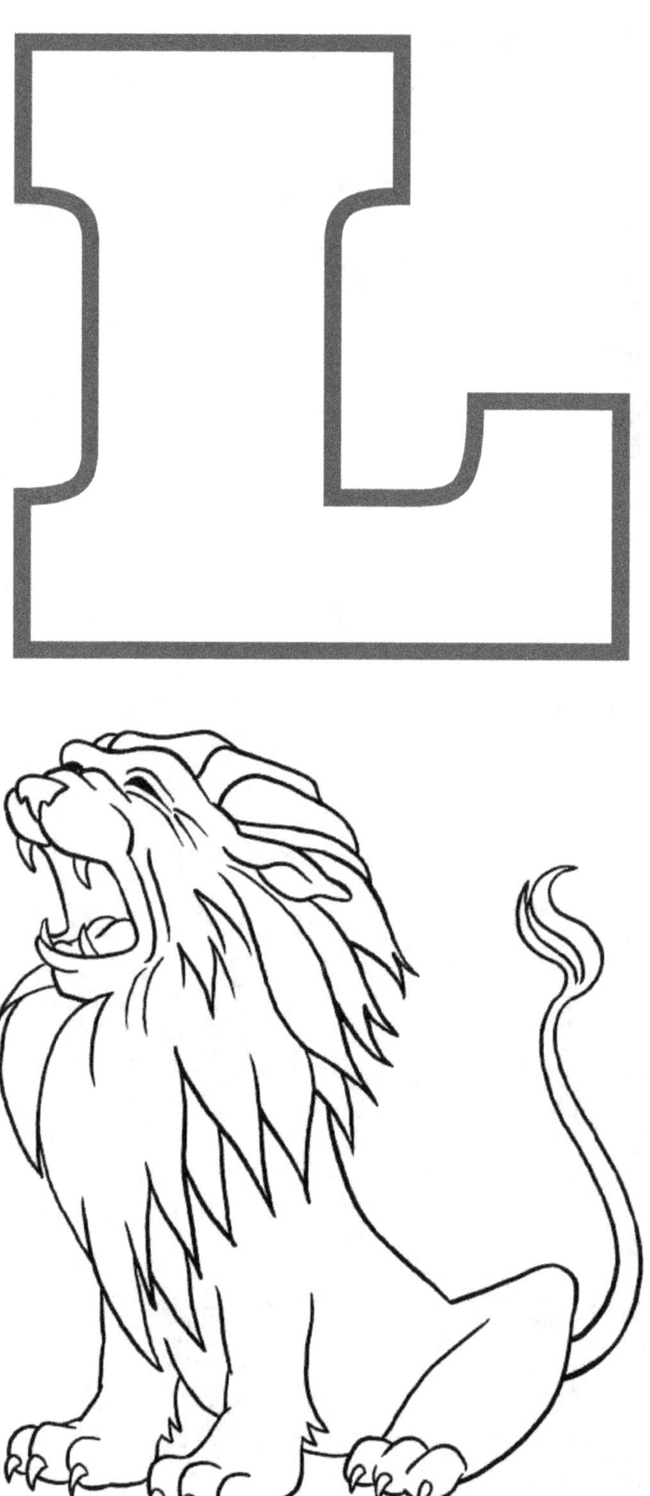

M

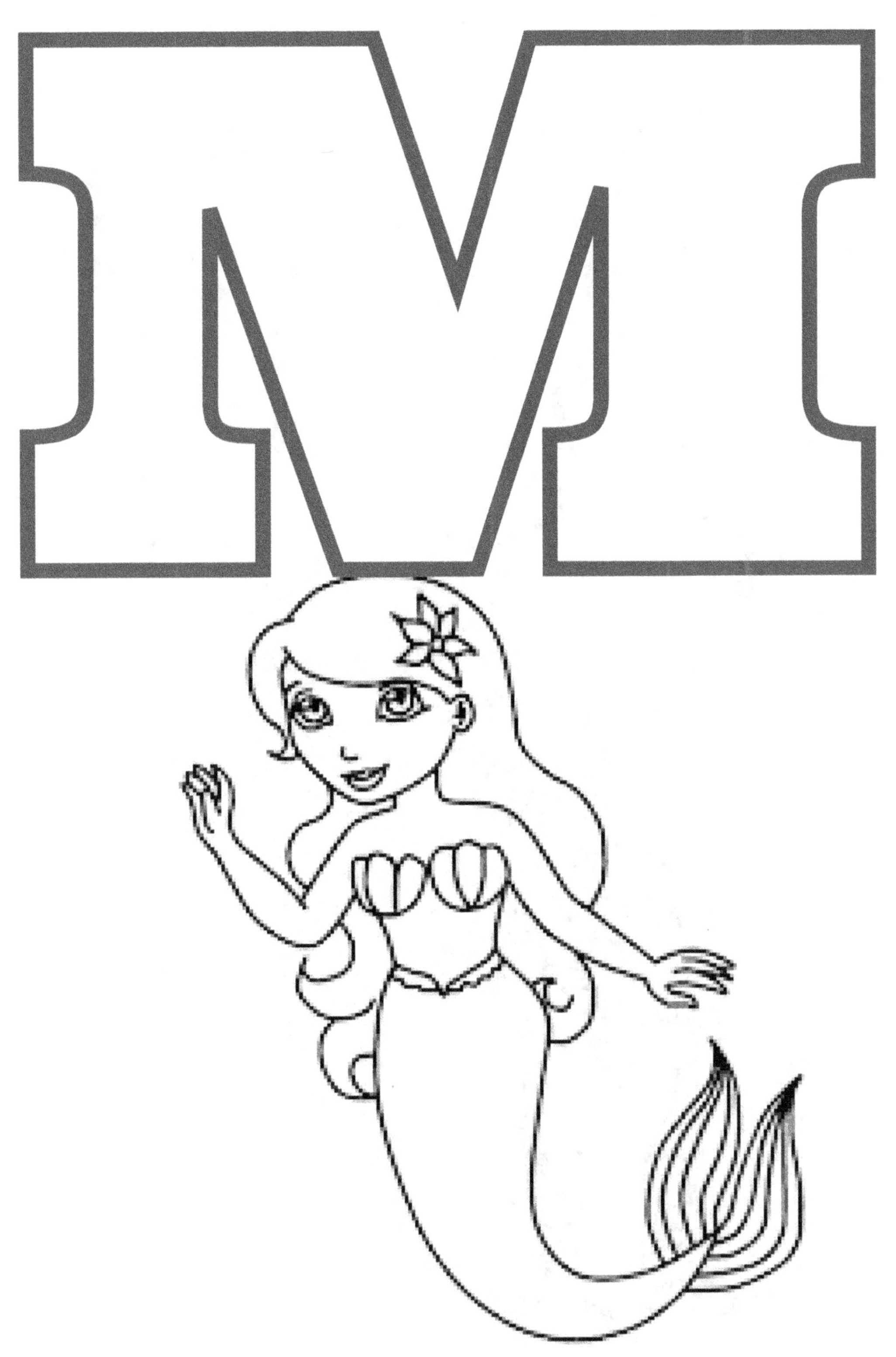

N

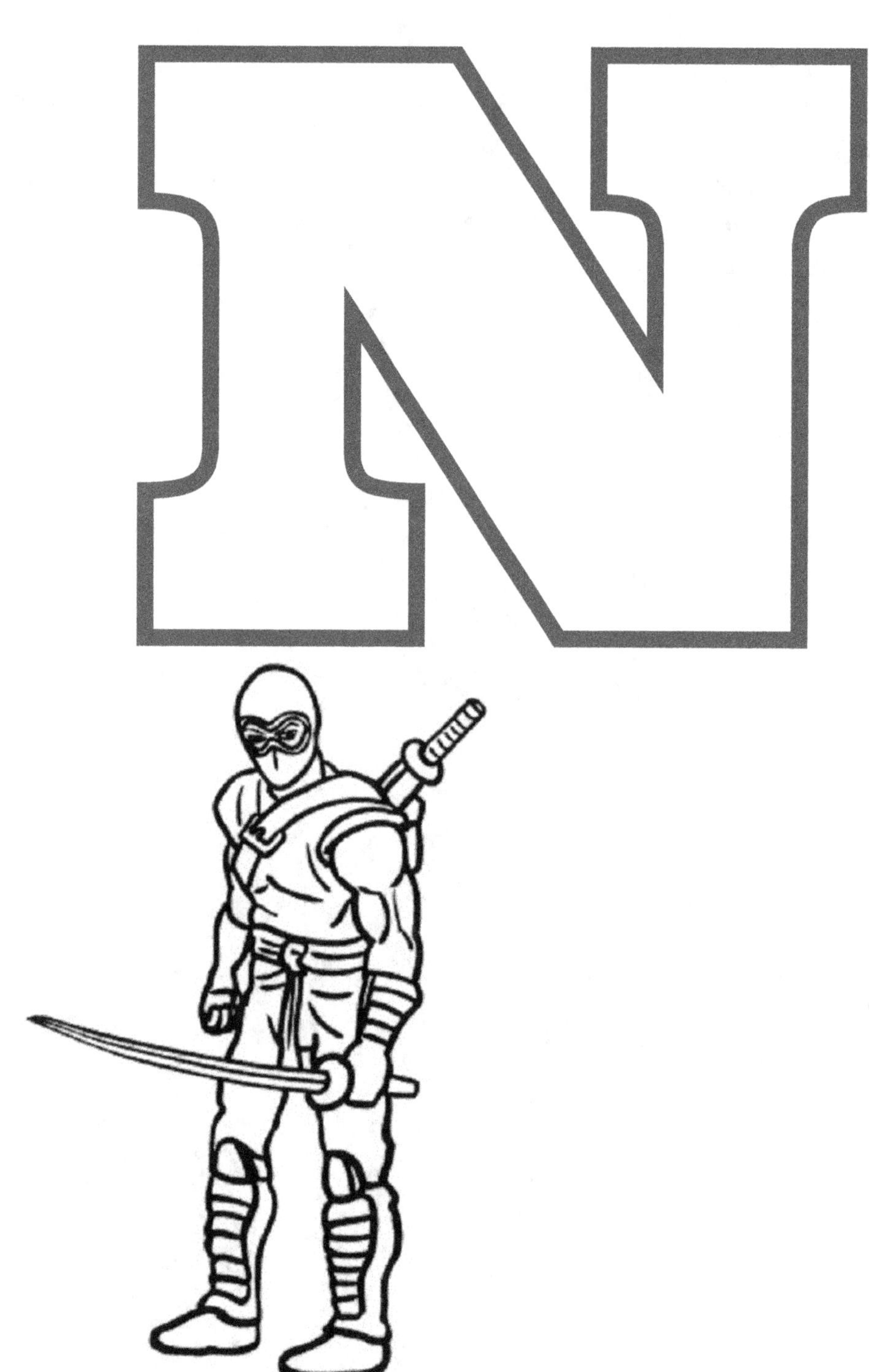

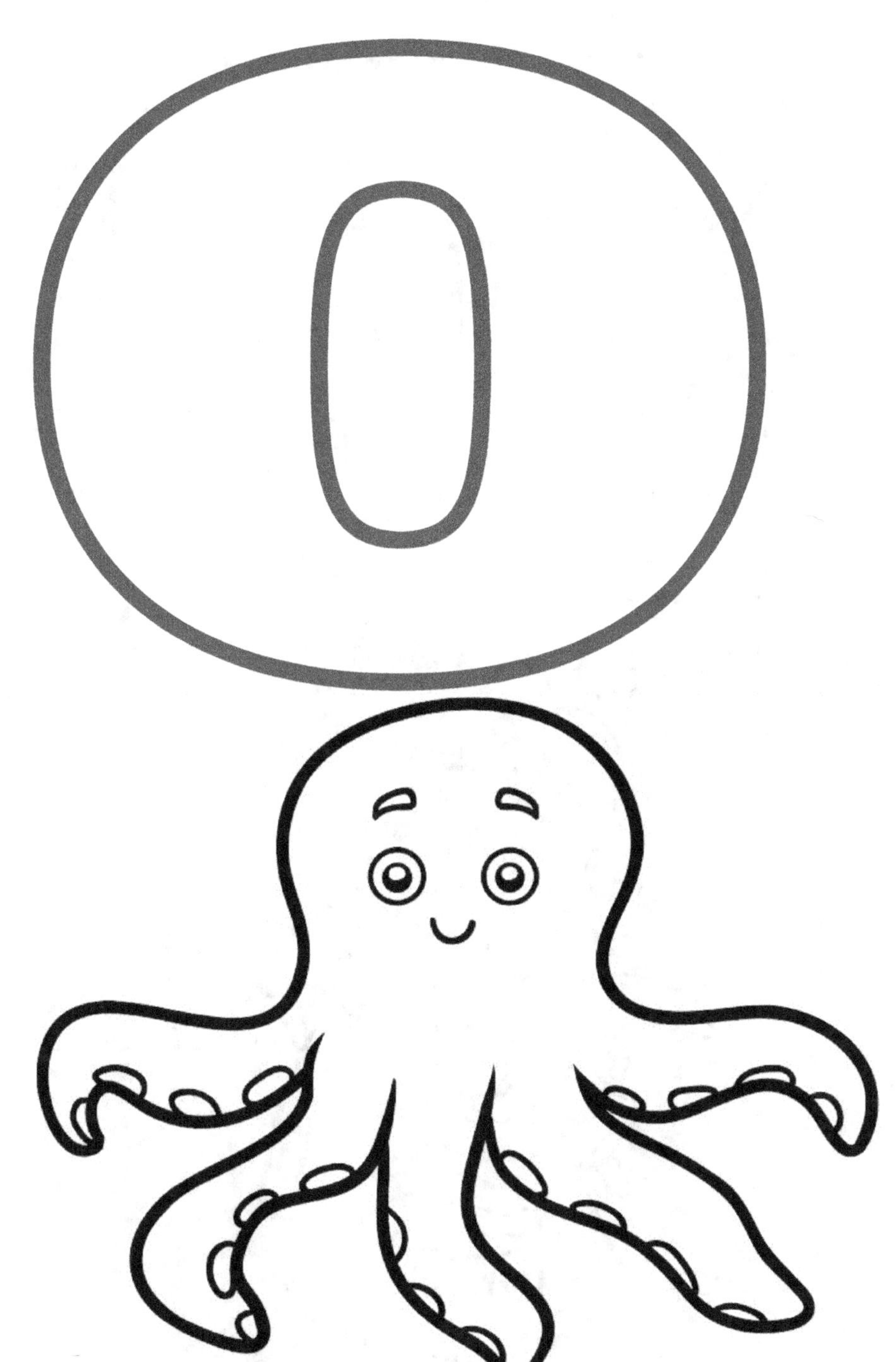

P

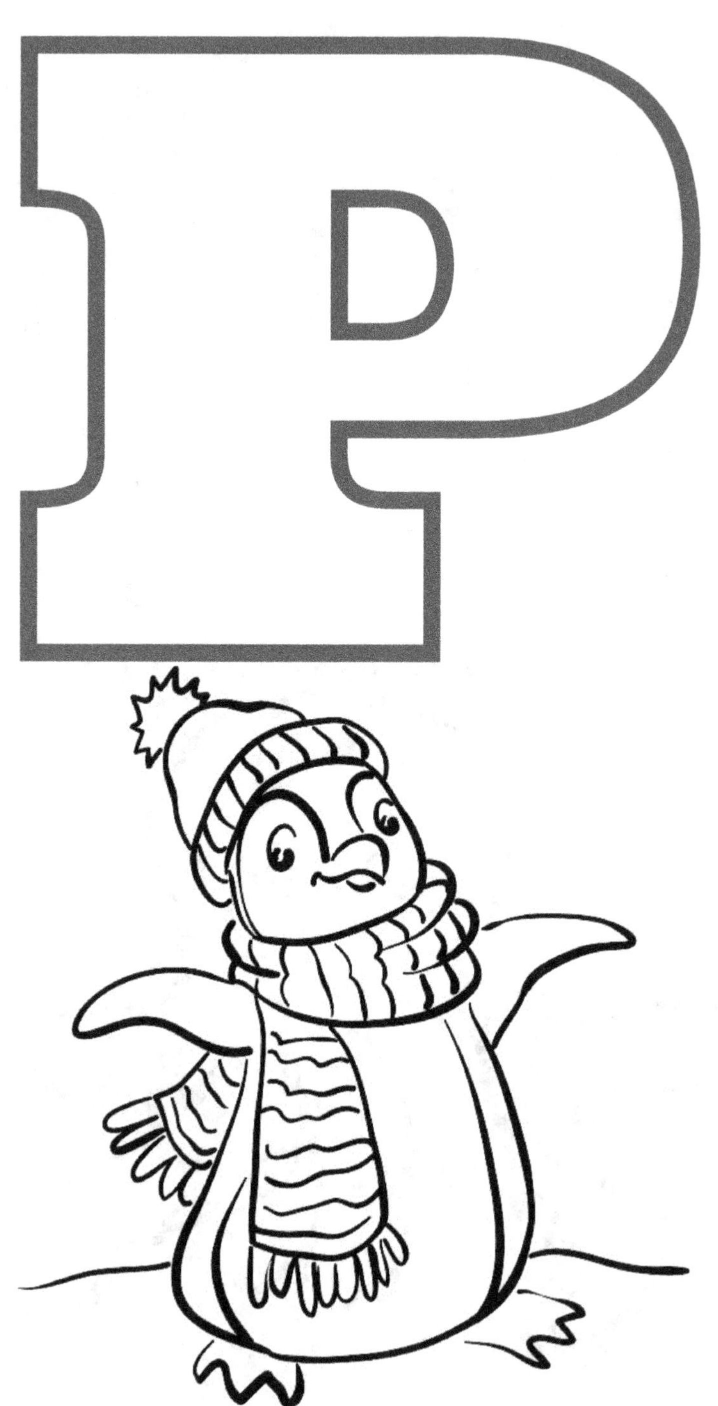

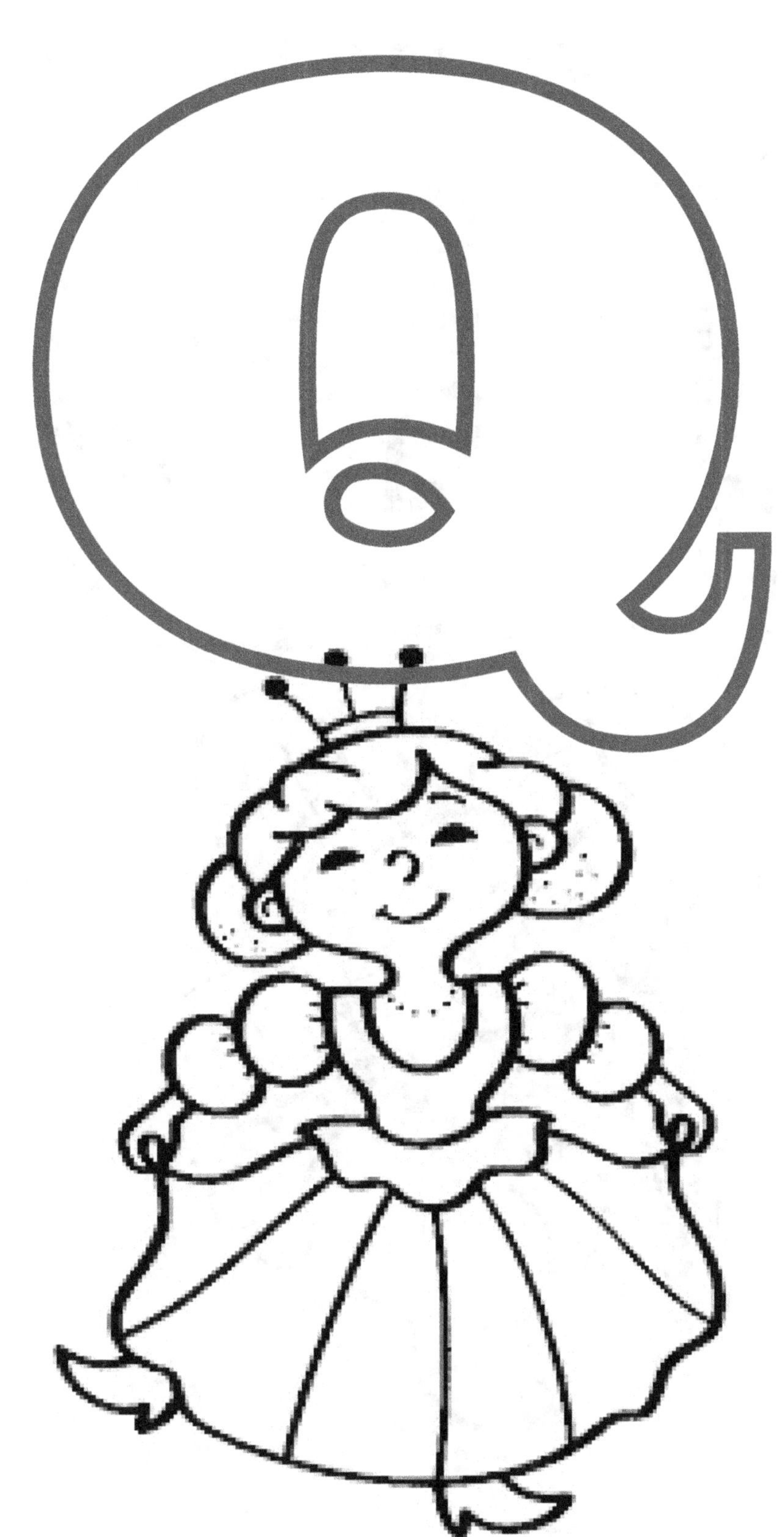

R

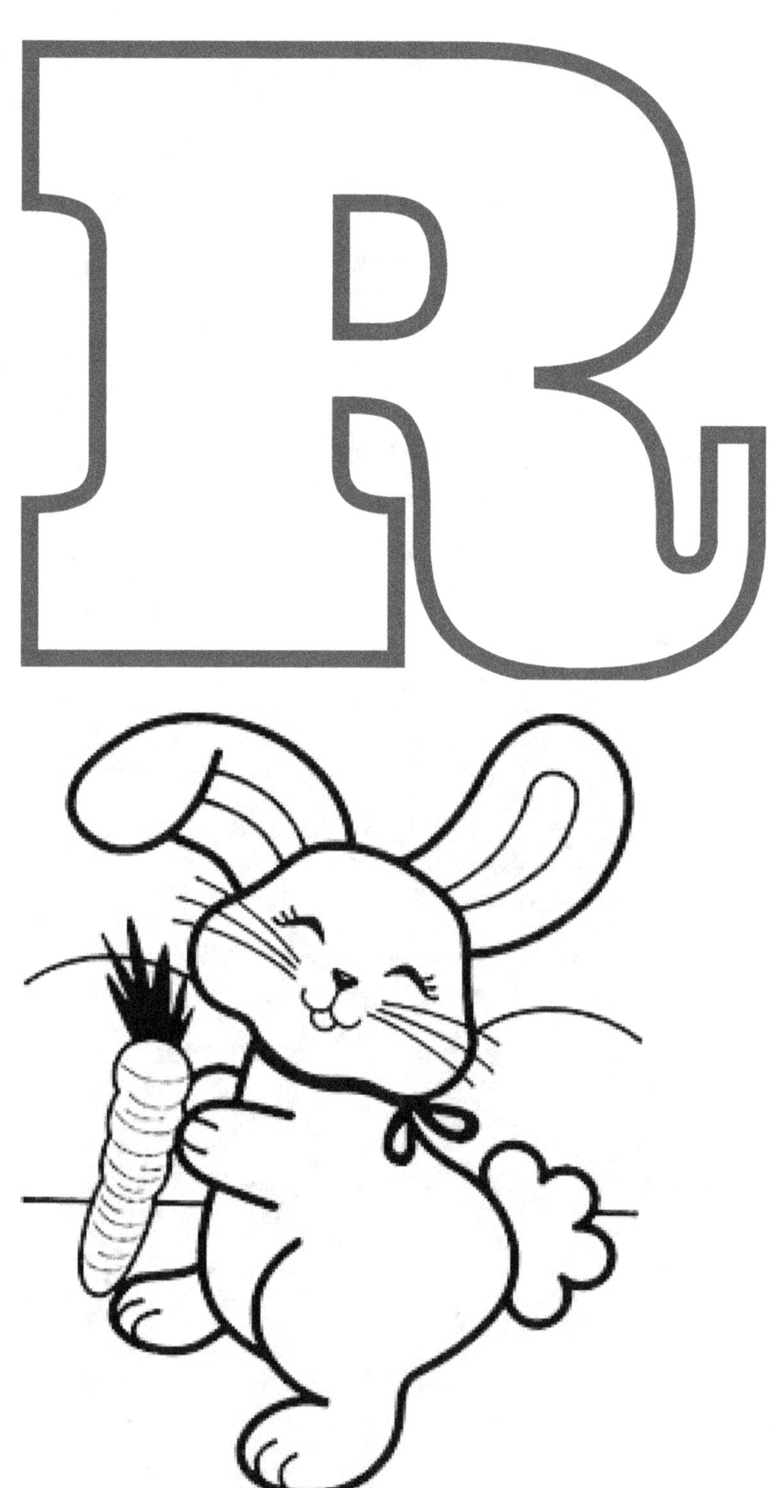

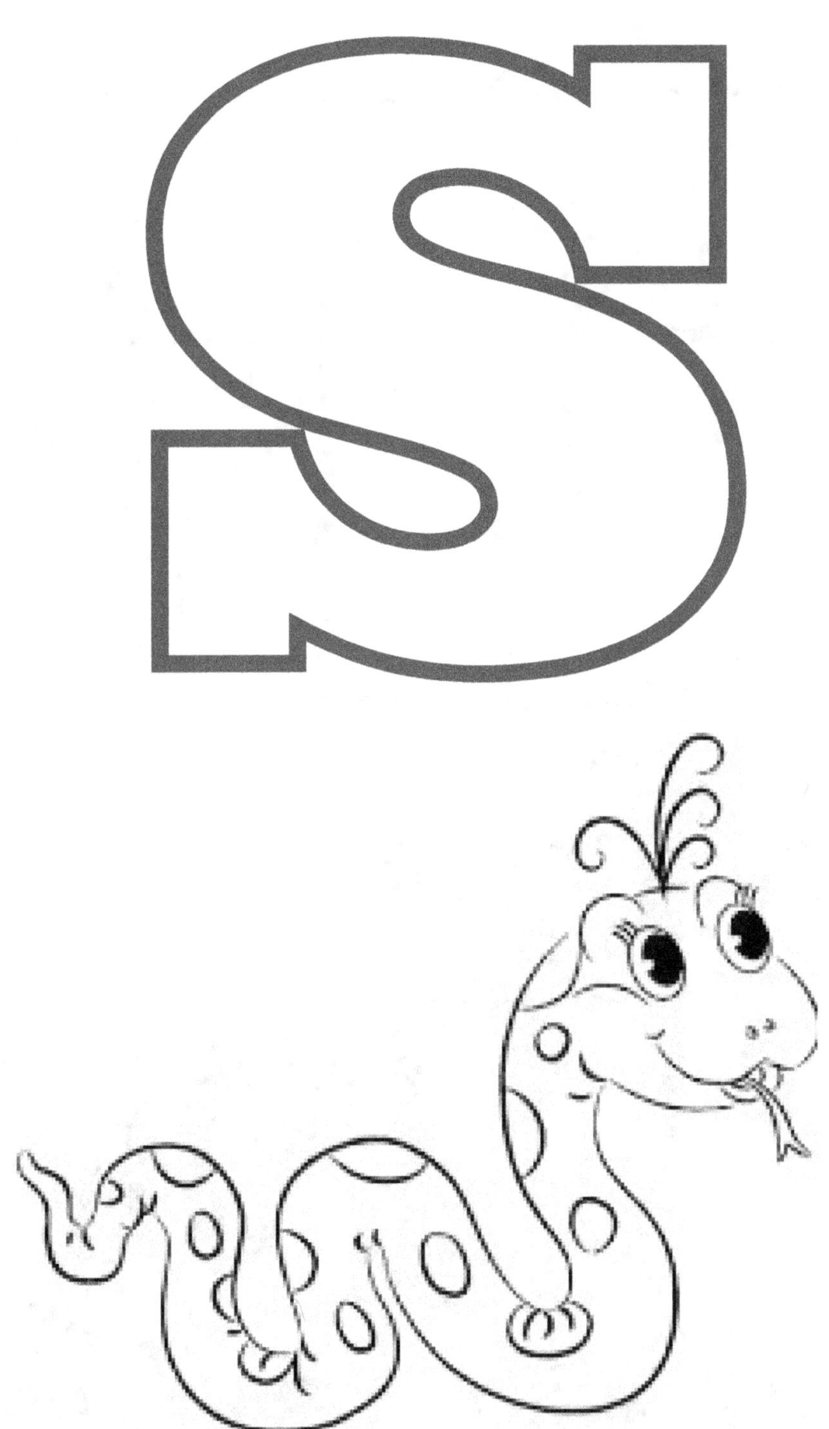

T

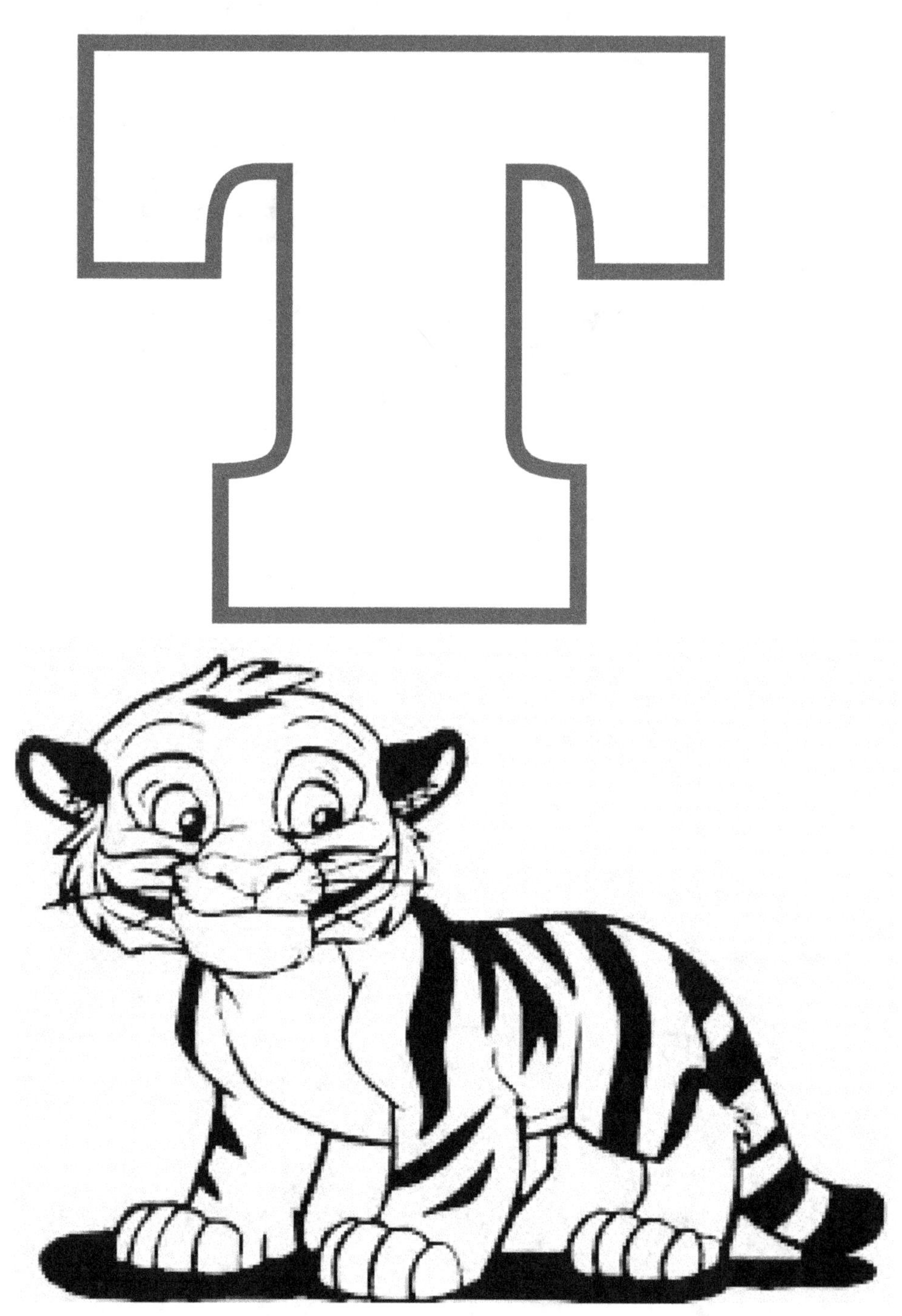

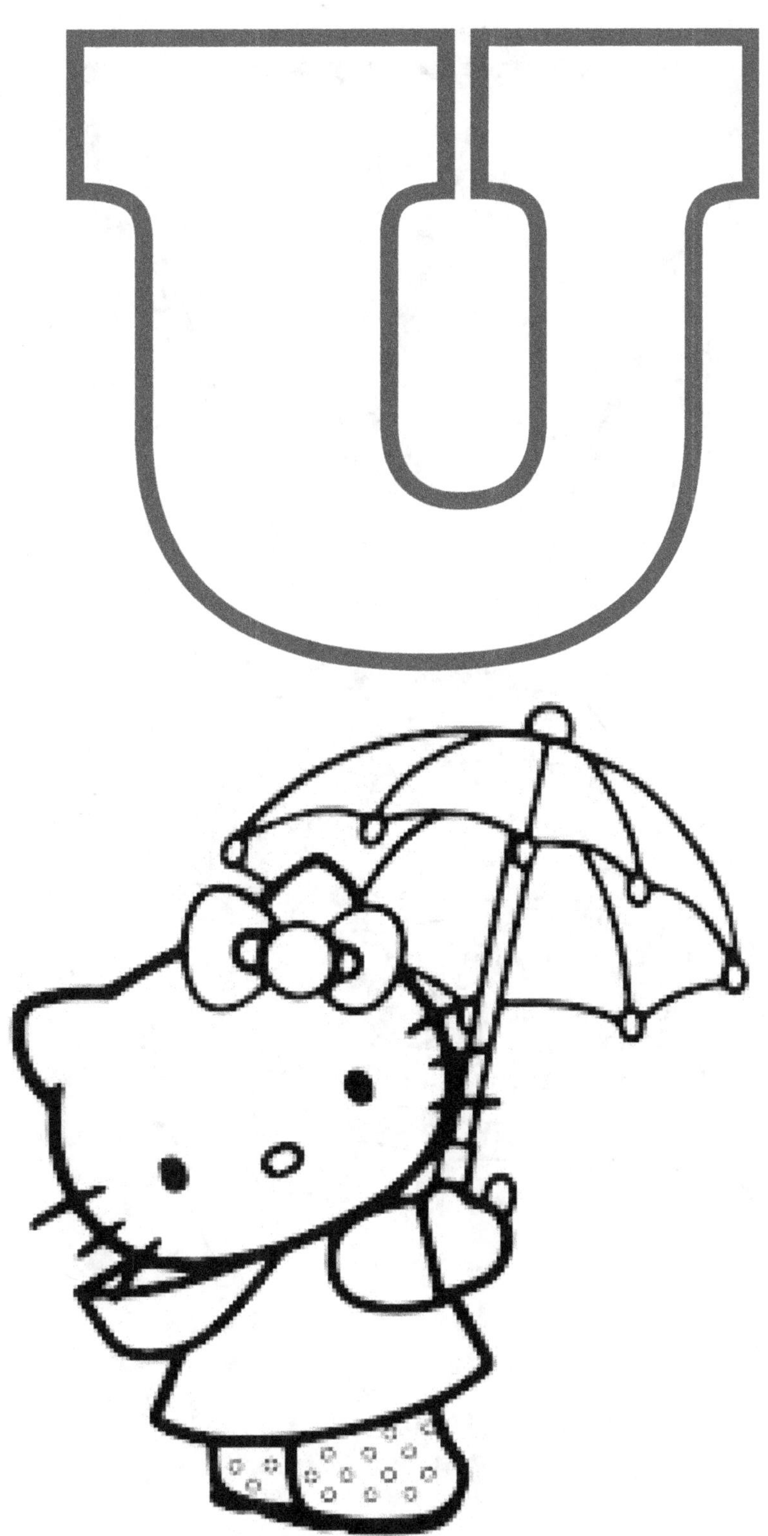

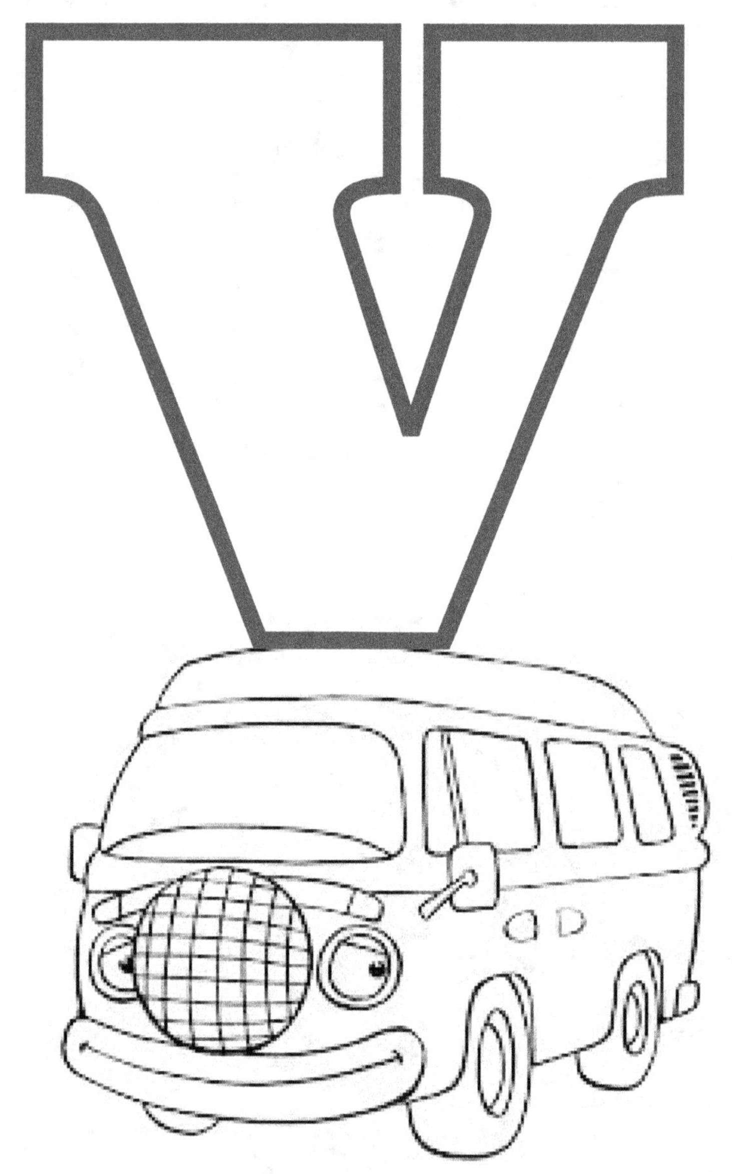

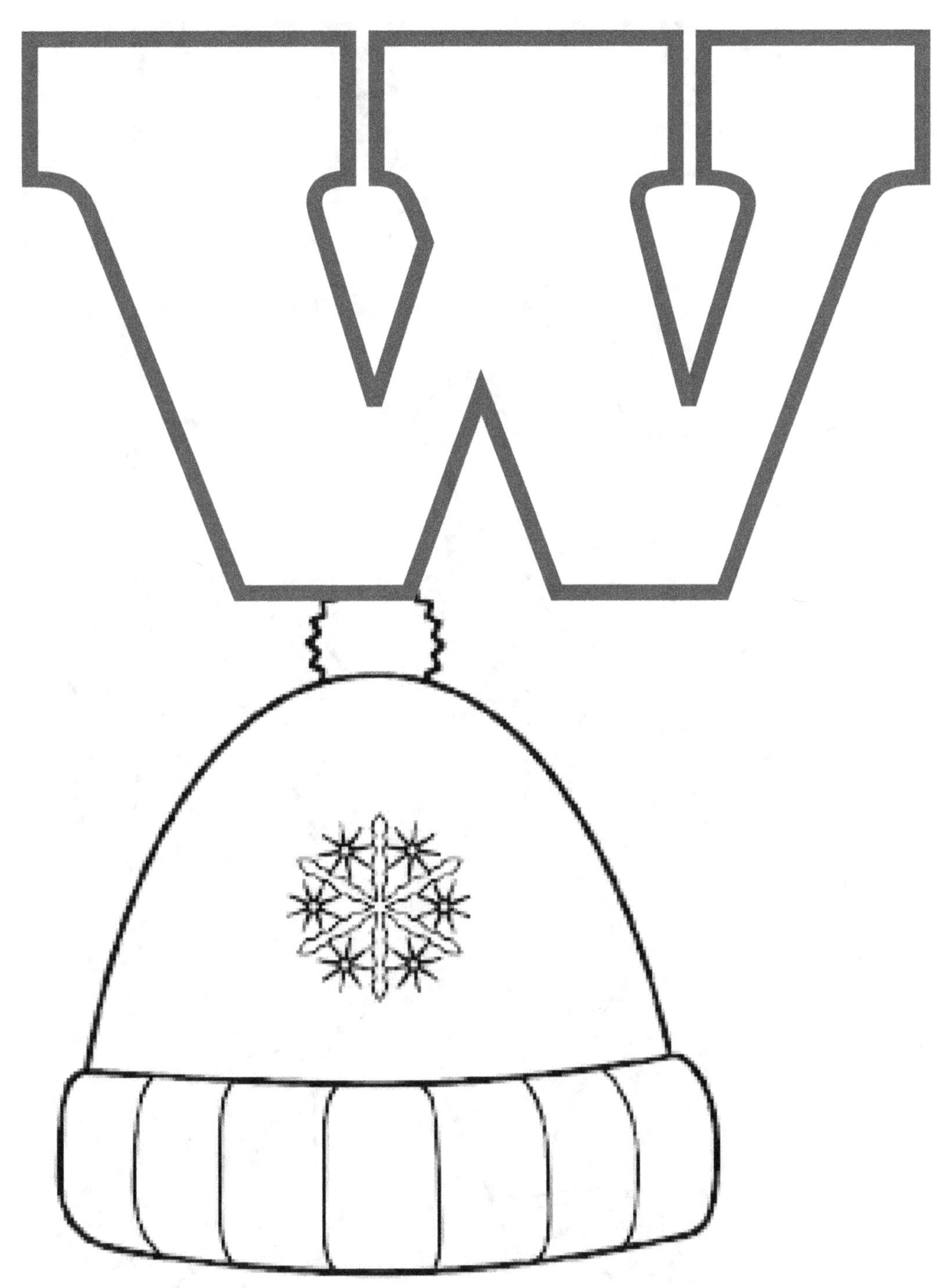

X

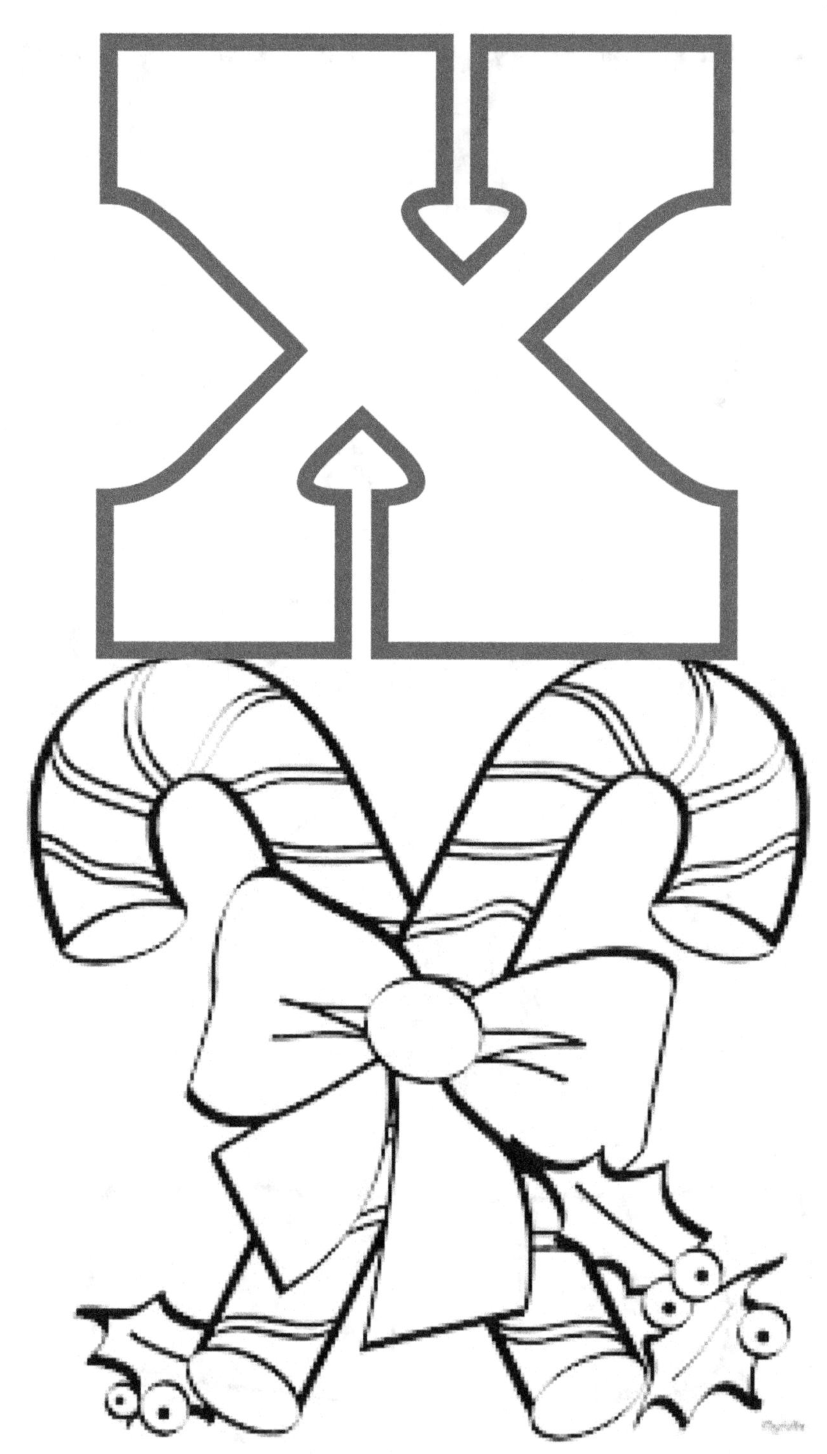

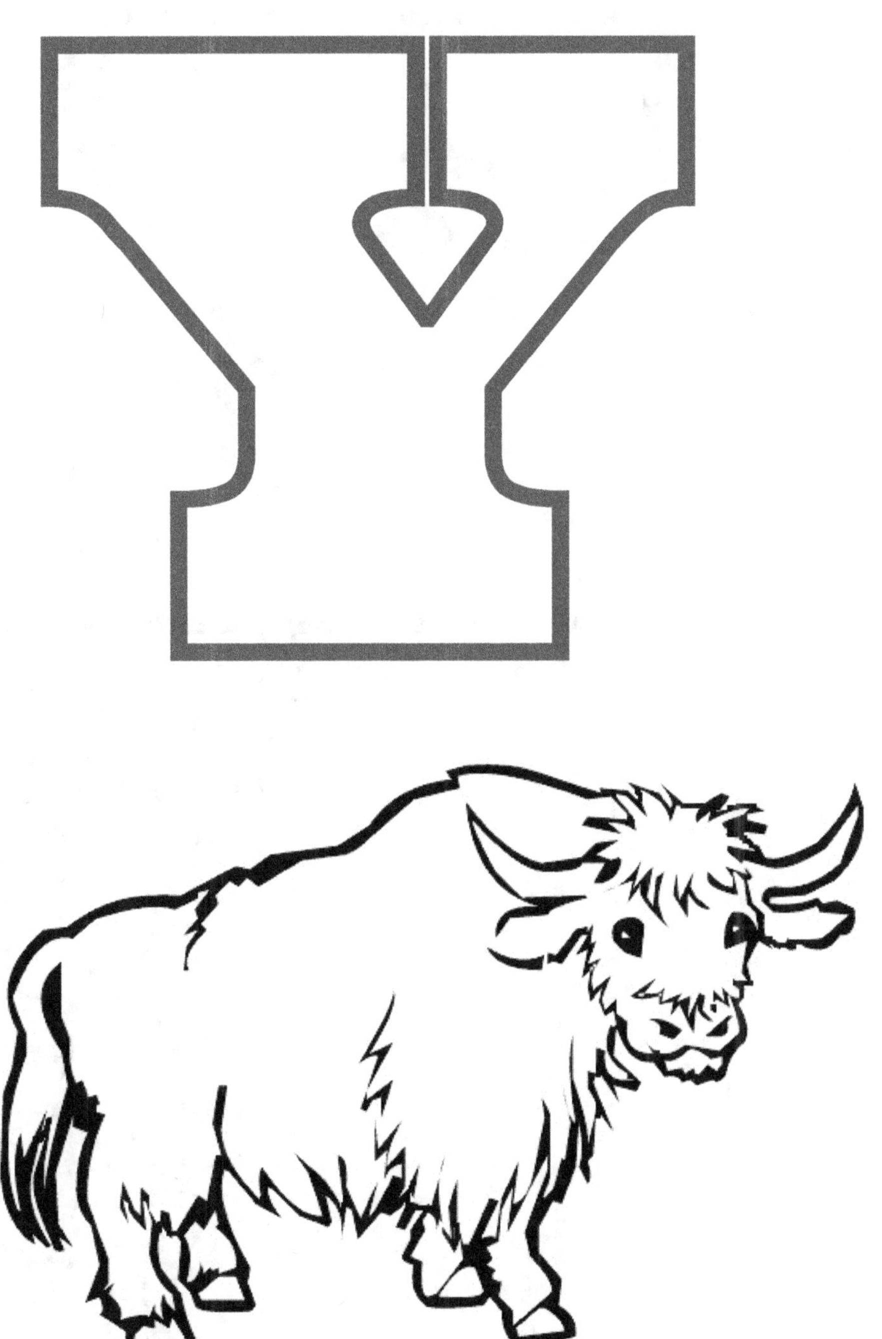

Z

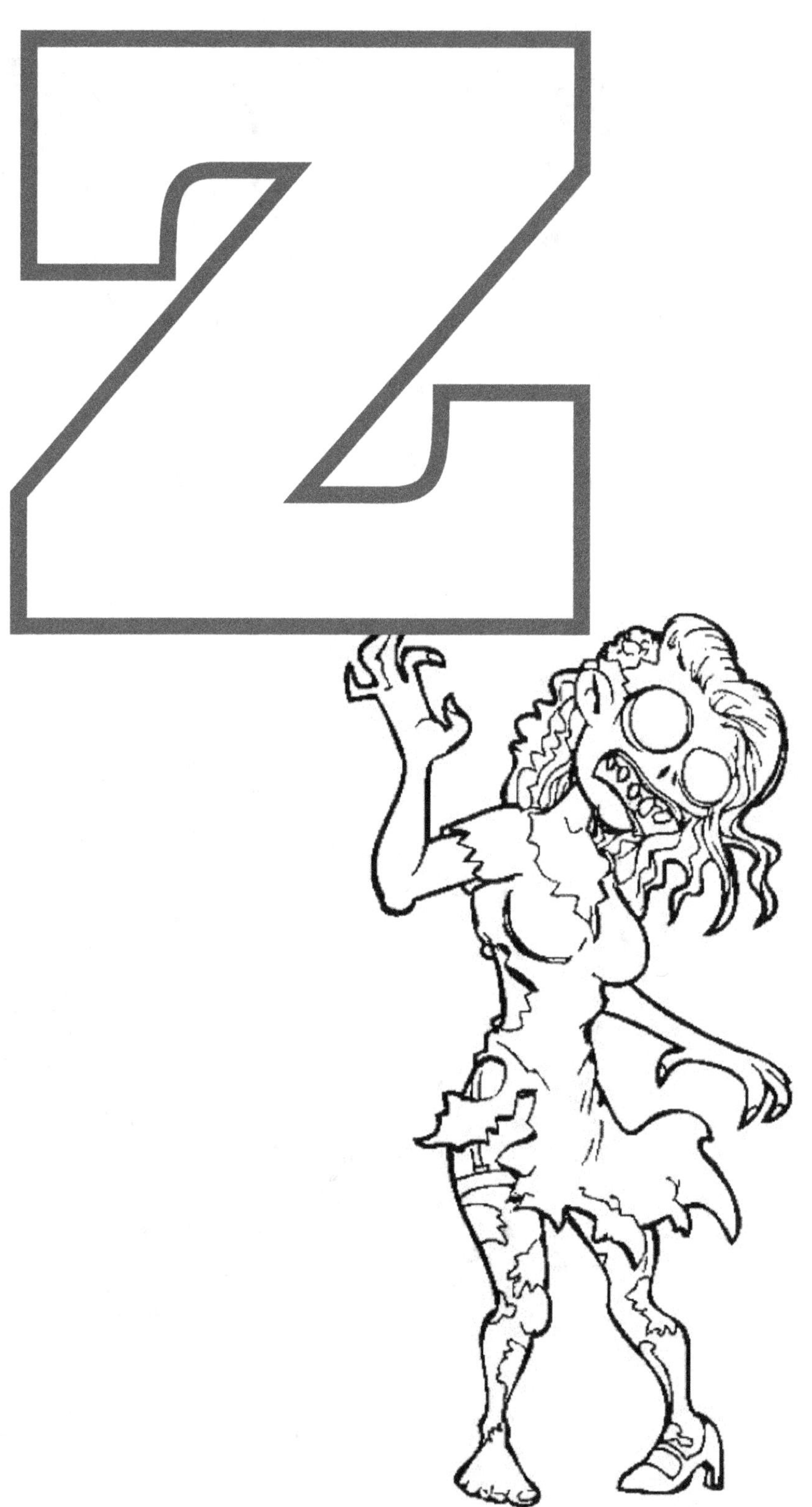